Meine Damen & Herren

Tibor Rácskai

Meine Damen & Herren
mit Dichtern & Trichtern von F.W. Bernstein

edition hupe

Für Maria

© edition hupe 2001
edition hupe erscheint im Verlag Schwebefähre
ISBN 3-8311-2585-6

Eins

Der Herr hat sich daran gewöhnt. Manchmal dreht sich ein Kind nach ihm um, bevor man es dann zurechtweist, weil nicht zu erklären ist, was erklärt werden müßte.

Einen Beruf hat er nicht erlernt, keiner wollte ihn haben, also hat er sich eine Arbeit gesucht, die auch keiner haben wollte. Dort fällt es nicht weiter auf.

Man kann sich an vieles gewöhnen, sogar an diesen Geschmack. Seine Mutter hat gesagt, sie seien schon kurz nach der Geburt dagewesen. Mag sein. Trotzdem wurde er gestillt, aber später zwang sie ihn auf seinem Zimmer zu essen, weil der Vater den Anblick nicht ertrug.

Sobald er sich zum Essen niedersetzt, stürzen sie sich hinein. Wenn er seine Brote auspackt, ein Stück Schokolade ißt, etwas trinkt, sie finden immer einen Weg. Oft hat er versucht zu fliehen, sich in Schränken versteckt, Plastiktüten über den Kopf und ähnliches. Unter Wasser darf man nicht atmen, aber es nützt nichts. Wenigstens eine findet den Weg in seinen Mund.

Sobald er die Mahlzeit beendet hat, sind schon wieder andere da. Und sie haben Geduld. Vier Wochen Hungerkur, vierzig Kilo am Ende, aber sie haben Geduld. Dann wieder aß er übermäßig viel, Tag und Nacht nur essen und trinken, in der Hoffnung, sie auf diese Weise langsam auszurotten. Vergebens. Sie scheinen nur für ihn geschaffen zu sein. Geduldig warten sie. Gierig stürzen sie sich in seine Nahrung, darin zu verenden, oder direkt in ihn hinein.

Nie sind es mehr als fünfzig, aber auch nie weniger. Sie haben Geduld, sie lassen sich zählen, weil die Welt so eingerichtet ist, daß der Mensch essen muß. Was werden sie tun, wenn er einmal tot ist? Dann kommen die Würmer.

Nein, gewiß nicht, er wird sich einäschern lassen. Das wird er tun.

Zwei

Ein Herr nahm ein Schaumbad und schlief dabei ein. Das Wasser drang ihm in Mund, Nase und Ohren, lief Speise- und Luftröhre hinab und füllte binnen kurzer Zeit die Hohlräume des Körpers. Der Herr war ein Gefäß geworden, man könnte sagen, er ist ertrunken. Das Wasser stand ihm bis zum Hals, und in seinem Rachen knisterte Schaum. Der Herr mußte niesen und erwachte zu seiner Überraschung in einer gänzlich leeren Wanne.

Am Abend suchte er sein Stammlokal auf, und die Art und Weise, wie er diese bemerkenswerte Anekdote zum Besten gab, erheiterte sein Publikum ungemein, zumal sich mit jedem Wort Seifenlauge aus ihm ergoß.

Drei

Der Herr ist tot, zumindest hat er die Sprache verloren. Worüber, das liegt jedoch völlig im Ungewissen. Der Herr kann keine Auskunft mehr geben. Nicht, daß ihn dies schmerzt, im Gegenteil, selten zuvor war es ihm so leicht gefallen, auf etwas zu verzichten. Von einem Moment auf den anderen war das Bedürfnis, sich mitzuteilen verschwunden. Wie manch anderer hatte er sich sein Leben lang im Verzicht geübt und es doch nie geschafft, sich das Rauchen abzugewöhnen. Dabei hätte es ihn weniger Kraft gekostet, einfach auf den Tod zu warten.

Der Herr also, wäre er nicht seiner Sprache verlustig gegangen, hätte auf die Frage, ob er denn tot sei, wohl ebenso geantwortet wie zu seinen Lebzeiten, da doch für die Lebendigen der Tod gleichbedeutend ist mit der Abwesenheit von Leben.

Nun hat den Herrn der Tod ereilt, hat an seinem Leib Gestalt angenommen, und das Leben hält für einen Moment inne und genießt die plötzliche Stille. Was, so denkt sich das Leben, füllt denn die Leere aus, die ich hinterlasse, wenn ich mich fortmache? Die Toten wissen es auch nicht. Weshalb sonst sollten sie sich so beharrlich darüber ausschweigen, denn aus Scham und Enttäuschung. Niemand würde mehr sterben wollen.

Vier

Ein anderer Herr ist ebenfalls verstummt, ohne sich im Geringsten darum zu sorgen. Auch dieser Herr ist also tot. Möglicherweise hat er gerne, aber zuviel geredet. Nun ist er stumm. Einige unnatürliche Öffnungen seines Körpers lassen vermuten, daß er nicht freiwillig aus dem Leben geschieden ist.

Aus eben diesen Öffnungen sickert Flüssigkeit ins Erdreich und wird von allerlei Getier dankbar angenommen. Bald schon hausen Würmer im Herrn, was diesem jedoch völlig gleichgültig ist. Auch die Würmer verschwenden keinen Gedanken an ihren Wirt.

Leichten Herzens bietet sich der Herr zum Mahl. Vögel öffnen seinen aufgequollenen Leib, fressen die Würmer und bauen ein Nest in seiner Brust. Eine Idylle.

Die noch blinden Küken werden von einer räuberischen Katze gemordet, welche einem Fuchs zum Opfer fällt, dieser schließlich wird waidgerecht erlegt. Und so ergibt es sich, daß der eine Jäger ohne Absicht das Wild ernährt, während der andere einen Gutteil seines Jagdgefährten nichtsahnend zum zweiten Mal erschießt.

Fünf

Ein Herr fand sich, nachdem er durch einen Akt unachtsamer Gewalttätigkeit seitens eines ihm gänzlich unbekannten Herrn ein wenig den Kopf verloren hatte, zu seiner größten Freude an einem ihm ebenso fremden wie vertrauten Ort wieder, wurde jedoch, obwohl der Herr niemals ernsthafte Zweifel an der Existenz dieses Ortes gehabt hatte, ohne weitere Formalitäten und für seine Begriffe allzu lässig dazu aufgefordert, sich an Platz 539 zu begeben, wo er einen Berg unerledigter Post vorfinden würde.

Der Herr machte sich an die Arbeit und schon nach einer Ewigkeit war sein Kummer verflogen. Die Mittagspause verbrachte er dann in geselliger Runde.

Sechs

Ein Herr, ein Streiter für den rechten Glauben, war über seine Verdienste weit weniger glücklich, als sich vermuten ließe, denn seinerzeit war es nicht nur üblich, mit dem Schwert zu bekehren, es war auch ungleich schwerer als heutzutage, sich durch Heldentaten einen Namen zu machen, da jeder, dem ein Schwert zu tragen erlaubt war, nichts anderes als ein Held sein konnte.

Der Herr, kein Mann des Wortes, achtete stets darauf, nur mit Unbewaffneten zu streiten, denn wie es Gottes Gebot ist, liebte der Herr den Frieden und vermied deshalb Waffengänge mit ungewissem Ausgang. Auch liebte er seine Feinde aus tiefstem Herzen, daher schien es ihm geboten, diesen gar keine Gelegenheit zu geben, an ihm schuldig zu werden.

Wie Gott war der Herr ein Eiferer und eifersüchtig, also beschloß er, das Martyrium zu erleiden. Die Aussicht, einstmals an der Seite des Herrn zu sitzen zu kommen, versöhnte ihn mit dem Tod und beseitigte alle Skrupel. Schließlich mußte er, um ein Märtyrer zu werden, einen anderen Menschen zur Todsünde verleiten.

Auf den Weg zur Seligkeit schickte ihn dann ein dumpfer Bauernfünfer mit bloßer Faust. Da dies jedoch aus Habgier geschehen war, blieb der Name des Herrn bis heute ohne den guten Klang, den nur die Waffe eines Ungläubigen auf dem Haupt eines Christenmenschen hervorzurufen imstande ist.

Sieben

Ein Herr leert den Mülleimer und verläßt das Haus, um den Beutel zur Aschentonne zu tragen. Er kehrt ins Haus zurück, doch als er den Mülleimer mit einer frischen Tüte bestücken will, stellt er zu seinem Erstaunen fest, daß sich in diesem bereits eine volle Tüte befindet. Nicht weiter beunruhigend – jeder macht mal einen Fehler.

Der Herr leert den Mülleimer und verläßt das Haus, um den Beutel zur Aschentonne zu tragen. Er kehrt ins Haus zurück und erwartet zu Recht, einen leeren Mülleimer vorzufinden. Das ist nicht der Fall. Was soll man da tun? Der Herr ist nicht gewillt, an seinem Verstand zu zweifeln, er hat schließlich nur den einen.

Der Herr leert den Mülleimer und verläßt das Haus, um den Beutel zur Aschentonne zu tragen. Nun, ein Blick noch: ganz gewöhnlicher Müll.

Eine Milchtüte, etwas Asche, Essensreste, Kronkorken, ja doch: ausnahmsweise ein Präservativ, Verpackungen, leere Konservendosen. Der Herr besinnt sich und kehrt ins Haus zurück. Wie erwartet findet er einen gefüllten Mülleimer vor. Er nimmt den Eimer, geht vor das Haus und wirft ihn in die Tonne.

Nun schon etwas unruhig, betritt er die Küche und beinahe wäre er erschrocken, denn es ist tatsächlich kein Mülleimer zu sehen. Der Herr öffnet dankbar eine Flasche Bier und ist schon versöhnt. Wie leicht sich doch manche Probleme lösen lassen.

Acht

Der Plan sah vor, das Experiment nun zu beginnen. Der Herr addierte 53 zur Anzahl seiner schon vollendeten Lebensjahre. Das Ergebnis dieser Addition ergab eine ganze Zahl: laut Statistik die Lebenserwartung eines durchschnittlichen, männlichen Mitteleuropäers. So war nun die Dauer des Experiments festgelegt.

Der Herr ergriff einen Beruf, gründete eine Familie, erwarb Vermögen und Einfluß.

Nach Ablauf der gesetzten Frist sichtete der Herr die im Laufe der Jahre gesammelten Daten, und zog, nach reiflicher Prüfung, den Schluß, seine Aufgabe souverän gelöst zu haben. Die Publikation der Ergebnisse stieß auf reges Interesse der Öffentlichkeit.

Zu seinem Leidwesen aber war es dem Herren vergönnt, den Abschluß des Experiments um einige wenige Jahre zu überleben. Stimmen wurden laut.

Zuletzt sah sich der Herr vom Leben betrogen und wollte doch im Augenblick des Todes nicht davon lassen.

Hänsel und Gretel in Buchenwald

„Chänzäl?" „Und Gretel", sagte Schmidt. „Chänzäl Krätl? Was ist Chänzel Krätl?" „Eine Oper", hab ich gesagt. „Von Humperdinck", sagte Schmidt. „Gompradink? Was ist, Gompradink?" „Ein deutscher Komponist. Lebt nicht mehr", sagte Schmidt. „Schon 1921 gestorben." „Das Stück ist von 1893", hab ich gesagt. „Es heißt *Hänsel und Gretel* und geht zurück auf ein Märchen der Brüder Grimm. Kennen Sie die Brüder Grimm? Grimms Märchen?" „Krims?"
Und so ging das etwa eine halbe Stunde lang. Wir mußten ihn weichkochen. Obwohl er Schmidt sonst sehr geschätzt hat. Schmidt war ja auch mal Zahnarzt. Aber er hat es ihm beigebogen. Schmidt und Kranzberger schrieben, und Wenzel und ich kümmerten uns um den Rest. Kranzberger war früher zweiter Geiger in Königsberg gewesen und wußte die Noten auswendig, und Schmidt konnte nichts besser als Märchen erzählen. Ein Klavier war natürlich nicht zu haben, aber einer der Russen besaß ein Akkordeon und ein anderer eine kleine Tanzmeistergeige. Kranzberger hat geflucht, das sei unter seiner Würde und jetzt müsse er alles um eine Terz erhöhen, so Künstlergejammer. Das mit dem Singen war dann wirklich ein Problem. Wenzel konnte zwar Akkordeon spielen, hatte sich aber den rechten Mittelfinger gebrochen. Also wollte er was singen, hatte auch einen guten Baß, aber der Mann war ja fast zwei Meter groß. In III gab es aber zwei Sachsen, die gerne mitgemacht hätten, doch Schmidt hat gleich abgewunken. Keine Sachsen. Also blieben von uns nur noch Prüstel, der die Hexe singen sollte, Kleinert, der für den Hans aber zu klein war und sich weigerte, seinen Bart abzunehmen und Ducar, aus Linz oder Graz, weiß ich nicht, aber der hatte so gut wie keine Zähne mehr. Beckstein hat sich von Anfang an geweigert, für die Russen spiele er nicht und solchen Quatsch, war ja auch PG, der schneidige Beckstein. Dann haben wir einen kleinen Bayern aufgetan, ich weiß nicht mehr, wie der hieß, der war fast noch ein Kind, klein und blond, dünne Stimme, also so 'ne Gretel, und Wenzel hat einen gefunden, dem er das Akkordeon erklärt hat, der hat das dann auch ganz ordentlich gelernt, konnte auch Noten lesen und so. Dann gab's da noch diesen kleinen Unteroffizier, der immer damit geprahlt hat, daß er an der Wolga Truppenbetreuer gewesen sei, der hat dann die Hexe bekommen, weil Prüstel sich eine Lungenentzündung eingefangen hat.
Irgendwie haben wir es doch geschafft, alle Rollen zu besetzen, bloß für die Kostüme hat keiner eine Idee gehabt. Stoffe organisieren war nicht möglich, das hätten wir alle zusammen nicht bezahlen können,

also haben wir uns von den Russen Zeitungspapier besorgen lassen und Wasserfarben, und dann haben wir daraus so bunte Hütchen gebastelt. Schmidt und Kranzberger haben das Stück in einer Woche geschrieben, die waren wirklich flott. Schmidt ist dann, als alles perfekt war, wieder hin zum Podgorski und hat ein bißchen mit ihm gefachsimpelt und schon hatten wir die Erlaubnis, im Casino zu proben und die Bühne aufzubauen, mit Tischen und Decken und so, immer die zwei Stunden nach Sonnenuntergang, bevor dann die Offiziere kommen würden. Da hatten wir noch drei Wochen bis Weihnachten. Dann kam also die erste Probe und Podgorski wollte sich das ansehen. Na gut, hat Schmidt gesagt, machen wir halt erst mal die Musik. Podgorski und sein Faktotum rauschten an. Schmidt hat die Noten verteilt und das klappte dann auch prima, sogar der Ersatzmann für Wenzel hat sich gut gehalten, nur Kranzberger hat immer noch rumgejammert, wegen der Taschengeige. Alles in allem hörte sich das gar nicht übel an. Die Russen hatten jedenfalls ihren Spaß. Dann hat aber der andere, das war wohl so'n Politischer, auf einmal blöde Fragen gestellt. Der konnte auch ganz gut Deutsch und der wollte jetzt plötzlich das Libretto sehen. Podgorski hat abgewunken, aber die Type hat nicht lockergelassen und hat unbedingt den Text jetzt sehen wollen, wenn er den Text nicht bekommt, dürften wir nicht spielen, wegen Zensur und so'n Quatsch. Also hat ihm Schmidt die Blätter gegeben. War er aber nicht sehr erfreut drüber, der Politkommissar, weil er die Schrift nicht lesen konnte, und der kleine Unteroffizier war sich nicht zu doof ihm beizuspringen, er könne seinen Text auch nicht lesen, das war halt die Schmidtklaue, typische Arztschrift. Also hab ich gesagt: „Gib her, ich schreib das nochmal ab und morgen kriegt der Russe seinen Text". Ich hab die ganze Nacht geschrieben und Schmidt war stocksauer. Das sah nicht mehr nur danach aus, daß sich dieser Politknilch irgendwie wichtig machen wollte, der meinte das ernst, vielleicht wollte er uns auch bloß den Spaß verderben. Wir waren alle fertig mit den Nerven und Podgorski hat den Mund gehalten. Wir haben den wohl überschätzt.

Schmidt ist dann am Morgen zu Podgorski rein und hat ihm die Papiere gebracht und 'ne Stunde später erst kommt er zurück, wir sitzen alle auf Kohlen und der Schmidt ist weiß wie Kreide. Ich sag, Schmidtchen, is dir nicht gut? Und schon geht die Tür auf und der Politmensch fuchtelt mit den Papieren rein und Podgorski hinter ihm verdreht nur die Augen. Ich denk, was ist denn jetzt los und dann legt die Type los: „Chänzel unt Krätl? Wollt ihr Deitsche uns nähmen auf Arm? Wer chat geschrieben das? Sie? Wie chaißen Sie? Gittler?" Schmidt war jetzt noch kleiner als sonst. Wir waren alle sprachlos.

Podgorski hat dann irgendwas auf Russisch gesagt, ich hab nur „Gumpradink" verstanden. Darauf der andere: „Nix Gumpradink. Sie chaben geschrieben das. Das hier Propaganda. Sie werden nix spielen deitsche Propaganda in diese Lager!" Da ist mir dann der Kragen geplatzt und ich hab zurückgebrüllt, Schmidt ist fast gestorben, was *Hänsel und Gretel* denn bitte für eine Propaganda sei? Darauf der Russe ganz ruhig: „Du vielleicht sein nix Faschist, aber ich sein nix dumm. Ich chaben studiert deitsche Literatur in Moskau unt auch chaben gelesen was hat geschrieben Gittler und Gobbels. Unt auch chaben gesähn was chaben Deitsche getan in Bukenwalt. Sie werden nix spielen Bukenwalt in diese Lager. Verstanden?" Wir haben natürlich überhaupt nichts verstanden. „Was wollen Sie denn?" hat Kranzberger ihn gefragt. „Das ist eine Oper. Ein Märchen. Das hat Humperdinck im Jahr 1893 geschrieben. Was hat das mit Buchenwald zu tun?" Das hat die Type nicht kapiert. Der hat das alles ernst genommen. Die Hexe ist das Proletariat, die Kinder sind die Faschisten und die Hexe endet im Ofen von Buchenwald. Der war davon nicht abzubringen. Also haben wir gesagt, gut, wir wollen keinen Ärger, wir schreiben das um. Das hat er genehmigt.

Wir haben wieder die ganze Nacht geschrieben. Der Russe war dann auch zufrieden, Beckstein hat sich nur noch totgelacht, der Idiot, Kleinert hat seinen Bart behalten dürfen und hat dann das Väterchen Stalin gesungen, der Hänsel und Gretel aus Buchenwald befreit. Die Hexe haben wir ganz gestrichen. Der kleine Unteroffizier war natürlich ziemlich beleidigt. Jetzt fällt mir auch wieder ein, wie der geheißen hat.

Rosengewächse

Der Junge hatte Schaum vor dem Mund, rote Bläschen perlten von seinen Lippen, rote Soße lief über Kinn und Hals in den Kragen. Er wollte etwas sagen und als er merkte, daß er unmöglich zu verstehen war, versuchte er zu brüllen. Das ging auch nicht. Rot sprudelte es aus ihm heraus. Also nahm er seine Hände zu Hilfe. Es sah beinah so aus, als müßte er sie erst herbeirufen. Er betrachtete seine Handflächen und brüllte unartikuliert auf sie ein. Dann vollführte er seltsame Bewegungen. Doch wie auch immer, er konnte sich nicht verständlich machen. Einige Passanten auf der anderen Straßenseite riefen etwas. Der Junge konnte sie nicht hören, sie waren zu weit weg. Er tat ein paar Schritte und stand nun mitten auf der Straße. Im nächsten Moment fuhr ein Lastwagen über ihn hinweg. Der Junge war auf der Stelle tot.

Nachdem die Leiche geöffnet worden war, fand man eine mögliche Erklärung für das sonderbare Verhalten des Jungen. Der Körper war vollständig mit einer rötlichen Flüssigkeit angefüllt. Es war kein Blut. Es war Erdbeereis. Der Gerichtsmediziner kostete davon und befand seine Qualität für zufriedenstellend. Er errechnete, daß der Junge mindestens zehn Liter Erdbeereis zu sich genommen haben mußte. Was auch der Gerichtsmediziner nicht mehr feststellen konnte, war der Grund für diesen außerordentlichen Appetit.

Der Arzt betrachtete den Jungen. Rot und rosig lag der Körper da. Er war noch warm. Rot war eindeutig seine Farbe. Rot stand ihm gut. Rot waren seine Haare und Lippen. Rot war seine Haut. Rot war die klaffende Wunde. Rot leuchteten die Eingeweide. Rot war sein Blut. Rot war auch sein Erdbeereis. Der Arzt schloß den Leichnam.

An diesem Abend gefiel es dem Gerichtsmediziner, seinen beiden Buben eine Freude zu machen. Er kaufte in einem Supermarkt zehn Packungen Erdbeereis mit Stückchen. Kühl und schwer ruhten die Behältnisse in seinen Händen, als er vorsichtig die Treppe zum 2. Stockwerk hinaufstieg. Noch bevor er den Schlüssel ins Schloß steckte, glaubte er zu wissen, was diesem Jungen geschehen war. Er war nun ganz ruhig. Im Haus war es völlig still. Aus seiner Wohnung kam kein Geräusch. Kühl und schwer war das Erdbeereis.

Nach der dritten Packung spürte er eine gewisse Euphorie. Nach der fünften konnte er es erstmals hören. Als er nach dem Verzehr der zehnten Portion Erdbeereis am Fuß der Treppe sterbend in den Armen des verstörten Hausmeisters lag, war ihm alles klar. Doch niemand wollte ihn verstehen.

Mein Vetter C. Bernd

Einer meiner Vettern heißt C. Bernd. So heißt er wirklich. Darauf ist
er sehr stolz. Er kann es gar nicht oft genug erwähnen. Mal behauptet
er, das C vor Bernd hätten sich die Eltern ausgedacht, um ihn und
seine Brüder A. Bernd und B. Bernd auseinanderhalten zu können.
Dabei hat er gar keine Brüder, nicht einmal Eltern hat er, Vollwaise ist
er. Dann wieder will er mir weismachen, C bedeute *cool*, *Christus*
oder *Campari*.
Mein Vetter Karl sagt, das C bedeute, daß Bernds Eltern beim Bernd-
machen gestört worden seien. Dann schaut er mich so komisch an.
Meine Vettern sind alle Idioten.

Wie wir uns ernähren

Im Anfang ist das Wort, das beim Vater ist, welcher bei Tisch in seinem Stuhl über das Wort wacht, am Ende der Tafel. Darum ist der
Vater stumm. Die Mutter ist am Tisch ihm gegenüber taub. Von ihr
geht eine große Gerechtigkeit aus.
Zur Rechten des Vaters bildet der Großvater mit dem Fleisch einen
rechten Winkel, den ich in der Schule gelernt habe. Hinter der Vase,
die uns der Russe gelassen hat, füttert die Großmutter den Großvater.
Auch das Besteck hat uns der Russe gelassen, weil der Russe mit den
Händen frißt, sagt der Großvater. Der Russe hat die Hände des Großvaters genommen und ihm dafür das Besteck gelassen, für das der
Russe keinen Sinn hat so wie für die Vase. Darum sind die Anweisungen des Großvaters sehr präzise, denn die Großmutter ist blind.
Ich mache mir einen Spaß und lasse den Großvater sprechen sobald er
den Mund voll hat. Der Vater ist wie immer sprachlos. Während ich
gemaßregelt werde, füllt die Schwester meine Taschen mit Suppe.

Humor unterm Hakenkreuz

Wir sitzen unterm Hakenkreuz
Und trinken Wein und Bier
Wir machen derbe Späße
Und dann sagst du zu mir
Wenn das der Führer wüßte
Heilhitler wär der böse
Doch der Führer ist nicht hier.

Wir sitzen unterm Hakenkreuz
Und sind besoffen wie die Schweine
Wir erzähl'n uns Witze über Eva Braun
Über seine kleine...
Und dann sagst du zu mir
Wenn das der Führer wüßte
Heilhitler wär der böse
Doch der Führer ist nicht hier

Wir sitzen unterm Hakenkreuz
Und reihern wie die Pferde
Wir schimpfen laut aufs dritte Reich
Da geht die Tür und auf tut sich die Erde
Und weiß wie Kreide sitzen wir beide
Und da sagst du noch zu mir:

Wenn das der Führer wüßte
Heilhitlerheilhitler
wär der böse
jetzt isser hier

DOCH DER FÜHRER WUSSTE VON NICHTS

Unbekannte Dichter

Andreas Armbruster, * 1932 in Bamberg.
Gelegenheitsdichter. Großer Erfolg auf der Hochzeit seines Bruders.
Nach dem grausamen Tod des Vaters übernahm er die Führung der im
Familienbesitz befindlichen Zementmühle. Dann Armut und Verwirrung. Lichtes Haar und dies alles. Mangel an Gelegenheiten. Zwei
Kinder.

Dorothea Ascholter, * um 1830 in Trebniz/Schlesien, † ?
Unerfreuliche Kindheit im Waisenhaus, danach Anstellung als Kinderfräulein in Leipzig. Sie war nahezu zwei Meter groß und völlig
wahnsinnig, so machte sie rasch Karriere. Kaiser Wilhelm II., dessen
Erzieherin sie gewesen war, gab dann auch seine Söhne in ihre Hand.
Wir verdanken ihr einiges: den Untergang des Abendlandes und einige unvergleichliche Gedichte von stupender Harmlosigkeit. Das Haus
Hohenzollern hüllt sich in Schweigen.

Dr. phil. Dr. h.c. Marie-Luise Benignus-Meier-Kalz, * 1952 in Remagen.
Laut ihrer besten Freundin Irmgard N. schreibt Benignus-Meier-Kalz
„immer so kruses Zeuch, das wo keiner lesen will."

Friedrich Wilhelm Bernstein, * 1838 in Göppingen, † ? in Utschl.
Seine *Wachtel am Rhein* kennt man noch, seine Werke stehen in manchem Bücherregal, man hat ihm Denkmäler errichtet (Bernstein-Goethe-Haus in Göppingen), und doch schweigt ihn die Literaturwissenschaft tot. So geht es den Dichterfürsten – sie werden nicht gelesen.
Der Schulmeister aus dem Schwäbischen hat es mit Fleiß und Talent
weit gebracht. Seine Schüler stellten die Elite des jungen Reiches,
Wilhelm I. ließ ihn nach Berlin holen, später gar trug man ihm den
Titel eines *Edlen von Bernstein* an, doch Bernstein ließ alle Ämter
und Würden fahren und zog sich nach Utschl, einem kleinen Weiler in
der Mitte Deutschlands zurück. Bezeichnend, daß dieser Ort nicht mehr
existiert, heute findet sich dort nur ein Parkplatz.

Wolf Biermann, * 1936 in Hamburg.
War eine Zeitlang populär. Angeblich auch Musiker. Eine Nachbarin seiner Mutter konnte sich noch bis vor zehn Jahren genau an sein Geburtsdatum erinnern, weil an jenem Tag irgendetwas Außergewöhnliches passierte. Aber im Wortlaut ist das nicht überliefert. Die Frau ist auch schon ein paar Jahre tot.

Manfred Cronauer, * 1939 in Ingolstadt.
Die schwere Kindheit in der von Schwerindustrie geprägten Donaumetropole hinterließ tiefe Narben. Harte Jahre der Ausbildung zum Einzelhandelskaufmann in München. Müdigkeit und Entfremdung. Über sein Steckenpferd, den Nachbau prähistorischer Höhlen im Maßstab 1:1000, fand er dann leichter Anschluß an die moderne, urbane Gesellschaft. 1968 Veröffentlichung des Lyrikbändchens *Mein linker Mund* im Selbstverlag. Kritische, bisweilen weinerliche Betrachtungen seiner selbst. Hat sich aber in studentischen Kreisen ganz passabel verkauft.

Charlotte van Deenen, * 1834 in Lübeck, † 1929 ebd.
Sie war ein Abkömmling reicher Kaufleute und lernte dennoch lesen und schreiben. In Lübeck führte sie noch einen literarischen Salon, als das schon nicht mehr à la mode war. Trotzdem blieb sie zeitlebens Mittelpunkt der dasigen Boheme, und wer sich nicht zumindest einmal mit Marzipan verspekuliert hatte, dem wurde, so sagt man, der Zutritt verwehrt. Sie lebte und starb einsam. Aber Thomas und Heinrich Mann sollen ihr eines Tages fast die Tür eingetreten haben.

Eugen „Neger" Egner, * 1951 in Ingelfingen.
Schmuggler und Hobby-Eugeniker. Hat angeblich den schwarzen Humor ins Bergische Land eingeschleppt und damit entscheidend zur Wahl von Johannes Rau zum Bundespräsidenten beigetragen. Hauptwerk: Der Reizwortaufsatz *Belgrads Einnahme durch Prinz Eugen 1717*. Lebt in Wuppertal.

Werner-Peter Entenmann, * 1941 in Berlin.
Sein Vater war vor und nach dem Krieg Zirkusclown in Berlin, dazwischen war er in der SS. Entenmann hat dann tagsüber in West-Berlin Philosophie studiert, aber nachts ist er mit Dutschke und Fritz Teufel um die Häuser gezogen. Auch in West-Berlin. Einmal sind ihm die beiden feixend davongelaufen. Entenmann war übrigens der erste Mann, mit dem Antje Vollmer Sex hatte. In West-Berlin war das. Irgendwie ist Entenmann dann darauf verfallen, Philosophie und Erotik zu verquicken. Ein großes Berlinepos sollte es werden. *Manuela Cunt* ist dann doch nur Fragment geblieben und bis heute exemplarisch für sein Scheitern im allgemeinen wie im besonderen.

Valerie O. Fallera, * 1786 in Rouen als Valerie Odette Meaux, † 1816 in Frankfurt a.M.
Tochter von Hausbediensteten. Kleinwüchsig und zu große Füße. 1790 flieht die Familie zusammen mit ihrer Herrschaft nach Frankfurt am Main. Privatunterricht und Klavierstunden. Auf Gesellschaften bezaubert sie die Gäste mit selbstverfassten Liedern. 1805 Begegnung mit Karl Friedrich Fallera, Pianist. Baldige Heirat. 1815 erstes Zusammentreffen mit Schubert. Ein Jahr später stirbt Valerie im Kindbett. Aus Schmerz über den Verlust begeht ihr Mann wenig später Selbstmord. In seinem Nachlaß findet sich ein kurzes Lied über Valerie, das er in glücklichen Zeiten oft den Freunden der Familie vortrug. Der sehr eingängige Refrain ist, in entstellter Form, auch heute noch Teil vieler Volkslieder.

Frieda Fröhlich, * 1881 in Wredebostel, † 1919 in Berlin.
Zur Jahrhundertwende war Wredebostel Zentrum des Südschleswiger Strukturalismus. Frieda Fröhlich aber war stumm. Man machte sich über sie lustig. Im Alter von 16 Jahren verließ sie ohne ein Wort ihr Elternhaus und folgte ihrem Liebhaber → Zlobodan Ztrabczicki, einem versprengten Polen, nach Berlin. Bekanntschaft mit → Kasimir Müller. Gründung des radikaltypographischen Zirkels Oval. Fröhlichs Texte waren inhaltlich angeblich äußerst radikal, was aufgrund des radikaltypographischen Satzes aber niemals überprüft werden konnte. Wegen eines Druckfehlers wurde das gesamte Oval von Rotgardisten erschossen.

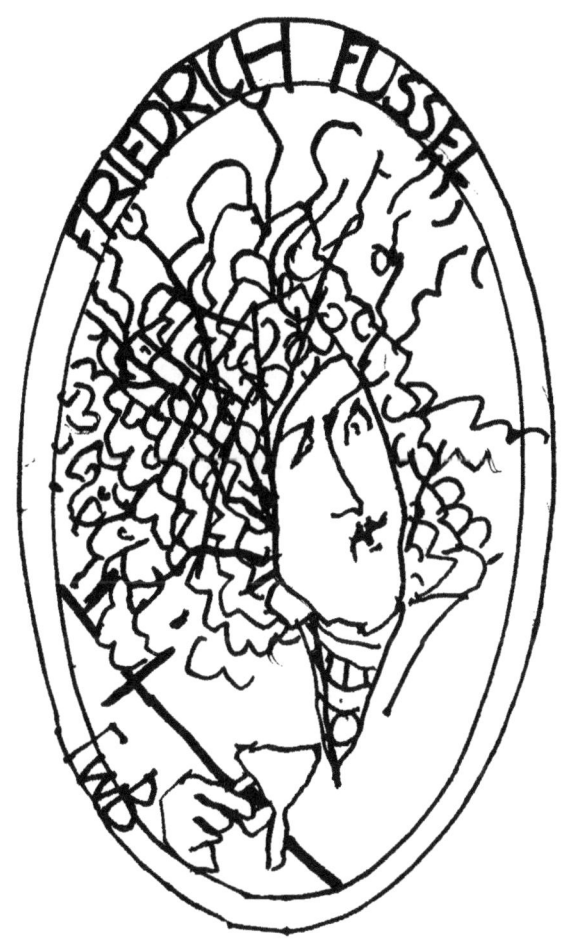

Verschollen am Sambesi

Am 17. Juni des Jahres 1763 brachte die „Friedrich Wilhelm" einen Boten nach Ostafrika. Dort, am Unterlauf des Sambesi, befand sich seit dem Jahre 1749 die schwedische Siedlung Vilhelmina, gegründet von Jan-Henrik Smålendansk als Handelsstützpunkt. Nach dessen Tod trat im Jahre 1752 der Sohn und Erbe Jan-Vil Smålendansk die Nachfolge seines Vaters an und übernahm Geschäft und Ämter. Vilhelmina war schon bald nach seiner Gründung einer der wichtigsten Häfen im östlichen Afrika. Jedes Schiff auf dem Weg nach Indien machte hier Station, Seeleute und Händler aus aller Welt suchten hier Profit und Entspannung. Gehandelt wurde mit allem, was Gewinn versprach und dies war auch der einzige Grundsatz, nach dem gehandelt wurde. Die Sitten waren roh und das Gesetz galt nichts. Da jedoch in Schweden großes Interesse bestand, den Handelsstützpunkt zu vergrößern und durch Verhandlungen mit den Eingeborenen Schutzzonen aufzubauen, mußte das Gebiet zuerst zu befriedet werden, um dann Recht und Ordnung wiederherzustellen. Zu diesem Zweck also sandte man zwei Bevollmächtigte aus, welche die Lage sondieren, Dekrete überbringen, Ratschläge erteilen und Bericht erstatten sollten. Das Gebiet stand zwar ohnehin unter der Hoheit des Königreiches, war tatsächlich jedoch so etwas wie Smålendansks Privatkolonie, aber man rechnete damit, daß sich der zwielichtige Schwede fügen würde, wenn nur genügend dabei heraussprang. Zudem wollte man den Kaufmann, der ja auch Gemeindevorsteher war (einer ziemlich grobschlächtigen Gemeinde zwar, doch immerhin einer an Köpfen zahlreichen), nicht unnötig in seinen Rechten beschneiden, diese Rechte jedoch so geschickt mit gewissen Pflichten verknüpfen, daß der Einfluß der Krone stets gewahrt bliebe. So beschloß man, Smålendansk in den Rang eines Gouverneurs der noch zu schaffenden Schutzzonen und künftiger Erwerbungen zu erheben, die einmal den stolzen Namen Ådolf-Friedrich-Land tragen sollten. Des weiteren solle er aus der Mitte seiner Gemeinde fähige Männer mit diversen Posten betrauen und die beiden Bevollmächtigten zu Ratgebern nehmen.

Am 8. April 1763 stach die „Gustav-Ådolf" von Kålmar aus in See. Doch das Glück war dieser Fahrt nicht hold. Vor der Goldküste sank das stolze Schiff, von einem schweren Sturm arg mitgenommen. Sämtliche Ladung ging verloren, zudem fast alle Papiere, und nur eine Handvoll tapferer Männer konnte sich an Land retten. Nach qualvollem Marsch durch endlose, mückenverseuchte Sümpfe, erreichten immerhin noch drei der Schiffbrüchigen die ehemals brandenburgische Gründung Groß-Friedrichsburg, die, 1717 von den Preußen aufgegeben, nun unter dem Schutz der holländischen Westindien-Kompagnie stand. Unter den drei Überlebenden des Unglücks war auch einer der königlichen Gesandten. Alle waren sie am Fieber erkrankt und lagen im Sterben, doch der Gesandte hatte seinen Auftrag nicht vergessen und übertrug seine Vollmacht kurzerhand auf einen deutschen Kauffahrer, der ihm vertrauenswürdig schien. Er versprach ihm eine königliche Belohnung, wenn er den Auftrag erfülle und mit Bericht nach Schweden zurückkehre. Der Deutsche war ein biederer Mann und sehr geschäftstüchtig und so schwor er gern den Eid. Allerdings war er des Schwedischen nicht mächtig und der Gesandte des Schreibens nicht mehr fähig, also diktierte der Schwede, so gut er es verstand und aus dem Gedächtnis, das königliche Dekret auf deutsch. Er gab dem Deutschen das vor der Katastrophe gerettete königliche Geleitschreiben und zwei Beutel Gold, den einen als Vorschuß und den anderen, um Smålendansk ein wenig gefügiger zu machen. Dann starb er. Der Kaufmann namens Phillipp Bärlapp brach am gleichen Tag noch auf und erreichte Vilhelmina am 17. Juni und bei guter Gesundheit.

Jan-Vil Smålendansk war ein einfältiger Mensch. Ungebildet, eitel, aber nicht direkt bösartig, jedoch immer auf seinen Vorteil bedacht. Er ließ kein anderes Recht gelten als das seine, und doch wollte er ein treuer Diener seines Königs sein. Es schien ihm ratsam, der Krone zu gehorchen und es schmeichelte ihm sogar, denn außer dem König respektierte er niemanden und niemand anders hätte es wagen können, ihm etwas zu befehlen. Über dem König gab es nichts und wie es aussah, kam nach dem König gleich er, Smålendansk. Gebt dem König, was des Königs ist, dachte er und wußte doch genau, daß die Heimat fern ist und sein Vorteil greifbar nahe. Der Gemeindepastor, der ein wenig Deutsch verstand, übersetzte das Dekret und dolmetschte für Bärlapp, der sich alle Mühe gab, seine Haltung zu bewahren, denn er spürte, daß Smålendansk ihm nur Abneigung und Mißtrauen entgegenbrachte.

Aber Smålendansk sträubte sich nicht. Er nahm das Gold und überlegte nicht lange, sondern schritt sogleich zur Tat. Binnen zwei Stunden waren alle im Dekret aufgeführten Ämter vergeben. Die damit betrauten Männer, die allesamt treu zu ihrem Herren standen, legten in nur zwei Tagen sämtliche Vorschriften und Normen zur Verwaltung des Gemeinwesens schriftlich nieder, im Sinne des Dekrets und der königlichen Gesetze, vor allem aber im Sinne Smålendansks. Dies alles wurde dem Philipp Bärlapp zur Durchsicht vorgelegt, denn der war ja schließlich der königliche Gesandte, doch verstand Bärlapp von diesen Dingen nicht viel, konnte das aber schlecht zugeben, also unterschrieb er einfach, was ihm vorgelegt wurde, guten Gewissens und im Vertrauen auf die Macht des Wortes und des königlichen Siegels. Als die Formalitäten abgeschlossen waren und für ihn nichts mehr zu tun, sagte er Adieu und nahm das nächste Schiff, dem König der Schweden Bericht zu erstatten – und natürlich auch in der Hoffnung auf reiche Belohnung.

Unter den Männern, die der nunmehrige Gouverneur Smålendansk mit Ämtern betraut hatte, war einer namens Håkon Magnusson. Dieser Magnusson war mit seiner Aufgabe nicht besonders zufrieden. Das lag nicht etwa daran, daß er die Verantwortung scheute, denn er wußte gar nicht, wofür er denn nun eigentlich verantwortlich war. Im Grunde war er, wie alle anderen auch, natürlich für gar nichts verantwortlich, alle Fäden hielt nach wie vor Smålendansk in den Händen. Doch um ein Amt, sei es auch nur der Form halber, auszuüben, ist es nicht unwichtig, zumindest zu wissen, um was für ein Amt es sich handelt. Magnusson, der bis dato ein beschauliches Leben als Kontorschreiber geführt hatte, fühlte sich gar nicht wohl bei der ganzen Sache. Er hatte nichts anderes zu tun, als nichts zu tun, da er ja gar nicht wußte, was zu tun sein Amt von ihm verlangte. Etwas zu tun, hieße eigenmächtig zu handeln, und das wäre sehr unklug, schließlich hatte Smålendansk ihm dieses Amt anvertraut, um sicherzugehen, daß er genau das nicht täte. Aber Smålendansk um Anweisung zu bitten kam auch nicht in Frage, denn der mochte dumme Fragen genauso wenig wie ungebetene Ratschläge. Entweder Smålendansk vertraute blind auf seine, Magnussons, Sachkenntnis, oder er schätzte das Amt oder Magnusson, oder gar beide für so gering, daß er es für unnötig hielt, sich damit zu befassen. Man hatte wohl einfach vergessen, ihn, Magnusson, über seine Aufgaben aufzuklären. Tatsächlich hatte man es keineswegs vergessen.

So saß Magnusson während der wöchentlichen Ratsversammlungen still und unbeteiligt dabei und lauschte den Vorträgen des Gouverneurs. Seine Amtsgeschäfte ruhten, nicht nur im übertragenen Sinn, sondern in Form eines Schreibheftes, in der Schublade seines Pultes. Nur am letzten jedes Monats nahm der Schreiber es zur Hand und schrieb seinen Bericht, feinsäuberlich in Schönschrift. Es war immer derselbe Wortlaut: *keine Vorgänge*. Nie wurde er aufgefordert, mündlich Bericht zu erstatten, nie richtete Smålendansk das Wort an ihn. Wie es seine Kollegen hielten, wagte er nicht zu fragen, sie taten alle sehr geschäftig, doch Magnusson war sich darüber im klaren, daß sie ebenso wie er nicht einen Finger rührten. Aber immerhin wußten sie, von was sie die Finger zu lassen hatten.

Gegen Ende des ersten Jahres nach seiner Erhebung zum Gouverneur von Ådolf-Friedrich-Land, erhielt Jan-Vil Smålendansk die Nachricht, daß in Kürze eine Delegation aus der Heimat eintreffen werde. Das bedeutete eine Überprüfung seiner Amtsgeschäfte und versetzte ihn verständlicherweise in heftige Erregung. Noch am selben Tag berief er eine außerordentliche Ratsversammlung ein. Wie aus dem Protokoll dieser Sitzung hervorgeht, kam es zu einer Auseinandersetzung zwischen Smålendansk und dem bedauernswerten Magnusson. Der arme Kontorschreiber erhielt ein paar kräftige Ohrfeigen und den Befehl, sofort eine Expedition auszurüsten. Man ließ ihm wohl nicht allzuviel Zeit, dies auch gründlich zu tun, denn es ist nicht bekannt, wann genau er schließlich aufbrach. Auch das Ziel der Reise wird nicht genannt. Ein Jahr später wurde Magnusson für tot erklärt.

Was war geschehen? Daß eine Kontrolle anstand, war für Smålendansk in seiner Einfalt sicher überraschend und angesichts seiner Geschäftspraktiken wohl auch erschreckend. Daß die Kontrolle jedoch angekündigt wurde, war ein Zeichen der Gutwilligkeit, wenn nicht gar ein Vertrauensbeweis. Nichtsdestoweniger geriet der Gouverneur in Panik, die durch Magnusson nur noch vermehrt wurde. Denn nun endlich stellte sich heraus, daß weder der brave Beamte noch Smålendansk, daß überhaupt niemand wußte, was Magnusson das ganze Jahr lang *nicht* getan hatte. Jeder hatte angenommen, daß die anderen des Rätsels Lösung kannten und schwieg natürlich still, um sich nicht zu blamieren. Und Smålendansk selbst war freilich alles egal gewesen, solange es seinen Profit nicht schmälerte. Aber der Gouverneur wollte ein in jeder Hinsicht erfolgreiches Geschäftsjahr vorweisen können, also mußte eine Lösung gefunden werden. *Keine Vorgänge* war nicht befriedigend, erst recht nicht, da niemand zu erklären gewußt hätte, was da nicht vorgegangen war, und warum nicht.

Als das königliche Dekret, nach vielen Umwegen, endlich Vilhelmina erreicht hatte, war das Unglück schon geschehen und Magnussons Schicksal besiegelt. Wie das mit kleinen Dingen so ist, haben sie oft große Wirkung. So war, nach mehrmaligem Übersetzen, aus dem königlichen Eichamt ein, weder königliches, noch bisher jemals existentes, *Elchamt* geworden. Nichts weiter. Magnusson wurde kurzerhand in den Dschungel geschickt, um Elche zu suchen und diese in irgendeiner Form der königlichen Verwaltung zuzuführen. Da man nicht wußte, welchem Zweck ein Elchamt zu dienen hat, mußte ein solcher erfunden werden. Da man nicht über einen einzigen Elch verfügte, der zu verwalten gewesen wäre, mußte erst einmal ein verwaltungstauglicher herbeigeschafft werden. Dies war der erste, einzige und letzte Vorgang in der Geschichte des königlich schwedischen Elchwesens in Afrika.

Bleibt anzumerken, daß noch heute die am Oberlauf des Sambesi ansässigen Mwinge bestimmte Rituale durchführen, die darauf schließen lassen, daß Magnusson nicht, zumindest nicht gänzlich erfolglos gewesen war. Der höchste Orden Sambias zeigt einen stilisierten Elch – und bisweilen kommt es vor, daß Touristen auf Safari einen Elch gesichtet haben wollen. Allerdings sind dies fast ausnahmslos schwedische Touristen.

Dreigeteilt? Niemals!

Vergangenheit? Ja, schwierig. Da gibt's des äh Plusquamperfekt, nicht? Des is, wenn ich sag, ich war äh, gewesen. Was? Ja äh, weiß ich jetzt auch nicht. Nein nein, bin ich nie gewesen. Was? Ja, des kann man so nicht sagen. Nun ja, jedenfalls, äh wie? Nein, da kann ich Ihnen nichts darüber sagen.

Nun ist da also dieses Plusquam...äh ich kann mich wirklich nicht erinnern, jemals, bitte? Natürlich! Um zum Thema zurückzukommen, nehmen wir doch jetzt gleich das sogenannte Perfekt, das äh heißt, glaub ich, daß ich äh gewesen bin, was? Nein nein, äh, ich weiß nicht, keine Ahnung, was fragen Sie mich denn solche Sachen?

Also, wo bin ich äh gewesen, äh, genau. Also das Perfekt wär dann das und dann kommt wohl das Imperfekt. Das bedeutet dann äh, zum Beispiel, ich habe gerade, äh, hmm? Ja nix! Was wollen Sie denn? Jetzt verdrehens mir doch nicht ständig das Wort im Mund, äh, herum! Ich sag Ihnen doch, ich kann mich an gar nix erinnern! Des is ja schon fast fanatisch bei Ihnen. Sie sind ja ein Vergangenheitsfanatiker! Sowas wie Sie gehört endlich mal bewältigt!

31

Neun

Ein Herr, der leidlich Englisch spricht und ein wenig Französisch, die Grenzen seiner Heimatstadt jedoch noch nie überschritten hat, geht während der Sommermonate, wenn die Stadt eine große Zahl Fremder beherbergt, ziellos durch die Straßen, in der Hoffnung angesprochen zu werden, denn der Herr ist schüchtern und niemals würde es ihm einfallen, aus freien Stücken ein Gespräch zu beginnen.

Doch leider verhält es sich so, daß die Fremden von Jahr zu Jahr ortskundiger werden. Vom Fremdenverkehrsamt mit detaillierten Reiseführern versehen, wenden sie sich im Zweifelsfall ausschließlich an Uniformierte, und offenbar ohne Ausnahme beherrschen sie die Sprache des fremden Landes besser als die Einheimischen, was mitunter zu heiteren, bisweilen auch zu heiklen Mißverständnissen führt.

Bald hat der Herr ein ungutes Gefühl, er fürchtet sich, aus dem Haus zu gehen oder drückt sich in dunkle Gassen.

Einmal schließlich spricht ihn ein Fremder höflich an, ob er etwa Hilfe brauche. Der Herr, in seiner Verzweiflung, antwortet in einer fremden Sprache, niemand scheint ihn zu verstehen, alle sehen betreten zu Boden, ein Uniformierter wird aufmerksam.

Zehn

Wo der Herr auch hinblickt, sieht er die Zeit ihr furchtbares Handwerk verrichten, Verfall und Tod hinterlassend. Ihr Pesthauch füllt ihm die Eingeweide mit Ekel. Also macht sich der Herr unbeliebt, keine Uhr ist vor ihm sicher und er liebt es, während seiner Freizeit die Zeitansage mit obszönen Anrufen zu tyrannisieren.

Man ertappt ihn auf frischer Tat. Seine Flucht endet tragisch vor einer Haltestelle der Linie 8, die trotz dieses unerfreulichen Zwischenfalls, auf die Macht des verbindlichen Fahrplanes vertrauend, pünktlich ihr Ziel erreicht.

Elf

Ein Herr unbestimmten Alters wird eines Abends ohne Absicht zum Mitwisser. Er ist sich nicht im mindesten über die Folgen seines Mitwissens im klaren und beabsichtigt auch nicht, Gebrauch von seinem Wissen zu machen.

Der Herr hofft inständig, bald vergessen zu können. Er nimmt Geld, obwohl er leidenschaftlich versichert, nichts zu wissen. Er wird von Personen geachtet, die er nicht zu kennen wünscht und muß bald zugeben, daß sich das Leben gegen ihn wendet.

In einem Anfall von Größe tötet er sich selbst, um so dem Tod zuvorzukommen.

Der Polizeireporter stellt lediglich fest, der Herr hätte exakt das Alter erreicht, das sich aufgrund seiner Geburtsdaten mittels einer Grundrechnungsart leicht bestimmen lasse.

Zwölf

Mehrere Herren, mehr oder minder gut miteinander bekannt, besuchen unabhängig voneinander eine, schon im voraus vielgepriesene Kunstausstellung (möglicherweise auch ein Theaterstück).

In den folgenden Tagen begegnet man sich zufällig auf der Straße oder wo auch immer. Beiläufig erwähnt man dies und das und auch jenes. Die Herren jedoch sind uneinig, was die Qualität der Aufführung (der Plastiken) betrifft. Taktieren und strategische Seitenwechsel führen dazu, daß nach etwa einer Woche, als das Thema bildende Kunst (bzw. Kino) schon erschöpft scheint, erste Widersprüche auftreten.

Nach einer weiteren Woche mißtrauischer Belauerung kommt man nach und nach überein, die völlig unklare und verfahrene Situation rühre aus dem elementaren Zerwürfnis zwischen postmoderner Beliebigkeit und individueller Freizeitgestaltung. Was nicht zu widerlegen ist, und angesichts des hohen Niveaus des Diskurses sei das eh scheißegal.

Dreizehn

Die Fähigkeit, einen klaren Gedanken zu fassen, ist dem Herrn lieb und teuer. Er hat ein halbes Leben benötigt, sich daran zu gewöhnen, doch inzwischen kommt er nicht nur gut zurecht, vielmehr weiß er die Gedanken als dienstbare Geister zu schätzen. Gerade im Alltag sind sie ihm eine stete, verläßliche und unentbehrliche Hilfe. Stellt der Herr zum Beispiel am Abend fest, daß die Milch zur Neige geht, schon kommt ihm der Gedanke, anderntags welche zu besorgen. Kurz, die Gedanken stehen sofort zur Verfügung, sie klagen nicht, verrichten stumm und anspruchslos ihr Werk und ziehen sich sodann diskret zurück.

Gelegentlich wagt es der Herr sogar, ohne hinreichenden Grund zu denken. Manchmal, nach Feierabend, in Weinlaune oder in seinen Mußestunden, kommen ihm dann ganz unvermutet die tollsten Gedanken.

Vierzehn

Ein anderer Herr liebt seine Gedanken so sehr, daß er sie sogar vor sich selber verborgen hält. Wenn ihm danach ist, begibt er sich auf die Suche. Das kann Tage und Wochen dauern. Meist findet er nichts, wenn aber doch, dann freut ihn das über alle Maßen. Dann betrachtet er verzückt, was nur ihm allein gehört. Er wiegt das Kleinod in den Händen, ob es nicht an Gewicht verloren habe, hält es gegen das Licht, um Farbe und Glanz zu prüfen, putzt und poliert und erfreut sich an der Schönheit seines Eigentums.

Niemals jedoch läßt er jemanden Zeuge seiner Leidenschaft werden, denn die Gedanken sind untreu, wie die Frauen. Rasch verbirgt er seinen Schatz und hat schon vergessen.

Kinder an der Macht

Es tat so weh. Herbert wollte schreien, aber sie hatten ihm ja die Zunge herausgerissen und den Mund zugenäht. Nie wieder würde er singen, nie wieder. Und die Flasche Chianti, die noch ungeöffnet auf dem Nachtkästchen stehen mußte? Nie wieder würde er die Sonne Italiens schmecken dürfen. Ach! Wehmütig betrachtete er seine Zunge. Sie hatten sie ihm ins Knie geschraubt. Diese widerwärtigen, undankbaren Gnome. Was wußten sie schon, wozu diese Zunge einmal fähig gewesen war. Ach, wenn er nur singen könnte. Er würde all seinen Schmerz hineinlegen, er würde ein Lied singen, wie sie es noch nie gehört hatten, der Himmel würde sich öffnen, die Meere würden sich aufbäumen und all die Widerwärtigkeit hinfortspülen, in den Orkus, ins Vergessen. Ach, süßes Vergessen! Wenn er nur vergessen könnte, was sie ihm angetan hatten. Aber er durfte nicht vergessen, er mußte kämpfen, Herbert muß stark bleiben. „Keinen Fußbreit den ...!" hob er an, doch schon fuhr ihm der Schmerz in alle Glieder, sein geschundener Leib wand sich am Kreuz – aber meinen Geist werden sie nicht brechen, dachte er, niemals. „Schnauze, du Arsch!" Der Dämon nahm einen Tennisschläger zur Hand, stieg auf die Leiter und hieb Herbert das Sportgerät ins Gesicht. Herbert hörte noch den Knochen splittern, als das Blut aus seiner Nase und in seinen Rachen sprudelte, war er schon ohne Besinnung.

Dabei hatte es so vielversprechend begonnen. Natürlich war Herbert ein bißchen traurig gewesen nach der Katastrophe. Sein ganzes Publikum war ja futsch, keiner würde mehr seine Platten kaufen. Er würde gar keine Platten mehr machen können. Nie mehr auf Tour gehen, keine Benefizkonzerte mehr, nie wieder Filme drehen, keine Interviews mehr geben, nie mehr in „Wetten daß...?" auftreten, war ja alles den Bach runter gegangen. Aber scheiß drauf, schließlich hatte er überlebt, das war bestimmt kein Zufall, das mußte wohl so sein. Er hatte es ja herbeigesungen. Sein Wort war Gestalt geworden. Er, Herbert, war ein Prophet, er war der Prophet der neuen Zeit. Er war der Messias. Er würde nun die Seinen um sich scharen und Sein Reich auf Erden errichten, es war Sein Wille, daß er, Herbert, dies tun würde, ohne Zweifel. Er würde singen zu Seinem Lobpreis und Sein Volk würde ihm zuhören, würde ihm zuhören müssen, bis in alle Ewigkeit. Aber irgendwas war schiefgelaufen. Die Städte waren wüst und leer. Keine Sau war mehr da. Niemand war gekommen, Sein Wort aus Herberts Mund zu hören. Die Kurzen waren alle in die Wälder abgehauen. Sollte Herbert ihnen nachfolgen, sollte auch Herbert in die Wälder gehen?

War das Sein Wille? Herbert ging in sich. Haus und Hof verlassen? Den schönen Weinkeller aufgeben, seine nunmehr ja nutzlose Plattensammlung, die Pressemappen? Nein, er durfte jetzt nicht an sich denken. Er hatte eine Aufgabe zu erfüllen, er war der Messias. Er war der Prophet. Und der Prophet geht zum Berg. Also tat er es und ging hinaus und wandelte und sang sein Lied.

Schon kurz hinter Bochum haben sie ihn dann entdeckt. „Machst'n da?" fragte einer. Sie waren zu acht. Der Kleine da war bestimmt noch keine zehn Jahre alt. So ein kleiner, süßer Rothaariger. So klein und süß und rothaarig, wie Herbert auch mal gewesen war. Jetzt war Herbert nicht mehr klein und süß und rothaarig, aber er war doch einer von ihnen, ein Kind, ein Kind Gottes, unschuldig und rein. „Hallo, ich bin der Herbert", sagte Herbert, „schön, daß ich euch endlich gefunden habe. Ich würde gerne mit euch singen und spielen. Darf ich euch eine Geschichte erzählen? Seid ihr traurig, daß eure Eltern nicht mehr da sind?" Herbert fühlte, wie ihn die Liebe zu diesen unschuldigen, reinen Wesen übermannte, diesen engelsgleichen Geschöpfen der ewigen Liebe. Er spürte das Verlangen, diesen armen Wurm in die Arme zu nehmen und ihm Trost zu spenden. „Ihr Kinderlein kommet" fiel ihm ein, und „mein Stecken und Stab trösten euch", oder so ähnlich. „Der zappelt ja so komisch!" ließ sich ein kleines Mädchen vernehmen, oder war's ein Junge? Egal. Der Knirps streckte ihm die Zunge raus. Vielleicht hatte er sie im Spiel gestört, alle trugen sie so putzige kleine Speere und Pfeil und Bogen bei sich. Ach! Süße Kindheit, Indianerspiele, Solidarität mit unterdrückten Völkern, Herbert hatte die Erinnerung daran im Herzen bewahrt. Spielen können wie ein Kind, im Spiel die Zeit vergessen. Die Erwachsenen konnten das nicht, die waren alle so doof, aber wenigstens haben sie seine, Herberts, Platten gekauft. Trotzdem. Herbert war immer so allein gewesen, nur die Kinder hatten ihn verstanden. Sie waren ja so süß! Nun hatte Herbert sie gefunden, seine Schar, Sein Volk, er würde singen und sie würden ihm folgen. „Folgt mir, Kinder, ich werde euch in Sein Reich führen, wir bauen eine bessere Gesellschaft auf, und wir werden uns alle ganz doll liebhaben und so. Weil, ihr habt ja jetzt die Macht. Okay?" – Herbert ging zu Boden, der kleine Rothaarige hatte ihm in die Eier getreten. „Das muß ein Mißverständnis sein. Ich bin doch euer Freund, der Herbert", röchelte Herbert. „Ich bin doch der ..." Der nächste Schlag traf ihn am Kinn, dem Sänger wurde schwarz vor Augen.

Herbert erwachte schweißgebadet. Es war heiß, es war stickig und es stank nach Verwesung. Wo war er nur? Herbert fand sich in einen primitiven Holzverschlag gesperrt. Anscheinend hatten sie ihn in ihr

Lager geschleppt. Draußen war Lärmen zu hören. Unschuldiges Kinderlärmen? Nein, das waren andere Lieder, das waren nicht Herberts Lieder. Herbert bekam Angst. Was war denn nur geschehen? Alles schmeckte nach Blut. Er spuckte ein paar Zähne aus. Was das wieder kosten würde. Ach nein! Es gab ja kein Zurück mehr. Oh Gott! Warum hast du mich verlassen, dachte er. Durch ein kleines Fenster drang fahles Licht, Herbert blickte hinaus und sah, wie die Kinder eben Feuer an einen Scheiterhaufen legten. Es waren Hunderte von Kindern, halbnackt und schmutzig. Die Kleinsten konnten gerade laufen, die Größten waren vielleicht 12 oder 13 Jahre alt. Sie tanzten um die Richtstätte und sangen ihre häßlichen Lieder, einige kopulierten wie die Tiere, ohne Scham, ihre kleinen geilen Leiber zuckten im Schein der Flammen, andere schissen und pissten wo sie gerade standen, es war widerlich. Es war entsetzlich. Herbert sah nun, wie sie einen Mann dort auf den Haufen führten, einen erwachsenen Mann. Das konnte nicht sein, er, Herbert, war doch der letzte, er, Herbert, war doch der Messias. Nein, kein Zweifel, das war ein erwachsener Mann. Er konnte kaum mehr gehen, sein rechtes Bein war seltsam verdreht. Er trug einen Hut, sonst aber war er nackt, sein Körper war wirklich furchtbar zugerichtet. Der Mann besaß eigentlich kein Gesicht mehr, aber Herbert erkannte den Hut. Sie warfen ihr Opfer ins Feuer, es wehrte sich nicht mehr. Das konnte alles nicht wahr sein. „Das ist Udo! Sie werden ihn grillen, haben sie gesagt." Herbert fuhr zusammen. Marius. Der auch noch. Das war schon ein Schlag. Westernhagen. Sie hatten ihn tüchtig verdroschen. Auch sein Gesicht war nur noch ein blutiger Brei. „Diese Bestien", nuschelte er zu Herbert hinauf. „Konstantin haben sie drei Tage lang vergewaltigt, bevor sie ihn ... bevor sie ihn bei noch lebendigem Leib aufgefressen haben. Oh Gott, Konstantin hatte also auch überlebt, dachte Herbert.

„Es war so grauenhaft!" brach es aus Westernhagen heraus, zusammen mit einigen lebenswichtigen Organen, der ehemalige Rocker war so gut wie tot. „Sie haben mich gezwungen, seine Nase zu essen. Das sind doch keine Kinder, das sind Monster!" Er hustete und spie einen großen Brocken geronnenes Blut vor sich in seine Exkremente. Die beiden Gefangenen hörten noch den Todesschrei des bedauernswerten Deutschrockers dort oben auf dem Scheiterhaufen, aber Herbert wagte nicht mehr, aus dem Fenster zu sehen. Dann hob ein furchtbares Gebrüll an, ein Haßgesang aus tausend Kinderkehlen, Herbert hielt es nicht mehr aus. Ohnmächtige Wut schüttelte ihn, und mit aller Kraft der Verzweiflung warf er sich gegen die Tür. Morsches Holz splitterte. Herbert war frei. Draußen hatten sie zwei Knirpse als Wachen aufgestellt. Die waren wirklich überrascht, das hatten sie nicht erwartet. Herbert bekam einen zu fassen und drehte ihm kurzerhand den Hals um. Er hatte dem Scheusal keine Zeit gelassen zu schreien. Der andere war so erschrocken, daß er nicht daran dachte, wegzulaufen. Herbert streckte ihn mit einem Faustschlag zu Boden, packte den kleinen Körper an den Füßen und zerschmetterte ihn an einem Baum. Herbert wußte, daß er keine Chance hatte, aber er würde so viele mitnehmen, wie nur irgend möglich. Sie hatten ihn verraten. Sie hatten ihm ins Gesicht gespuckt. Dafür sollten sie nun bezahlen. Aber schon brach es über ihn herein. „Ihr habt mir noch Zähne gelassen? Jetzt sollt ihr sie spüren!" rief er tapfer aus. Sie stürzten sich auf ihn. Einem kleinen Mädchen biß er die Kehle durch, dann griff er sich einen anderen Knirps, fast noch ein Säugling, und hieb mit dieser grauenhaften Waffe auf die Brut ein. Fürchterlich wütete er unter ihnen, spaltete Schädel zu Dutzenden, das Blut floß in Strömen. Die kleinen Teufel rasten vor Wut, sie verbissen sich in ihn, rissen ihm die Kleider vom Leib und die Ohren vom Kopf, aber Herbert ließ den Säugling kreisen, bis ihm der blutige Klumpen entglitt. Dann unterlag er. Satans Legionen hatte der Barde nicht besiegt, aber doch gründlich dezimiert. Also haben sie ihn ans Kreuz geschlagen. Dort hing er drei Tage und Nächte. Sie zogen dem Leichnam die Haut ab und pflanzten diese als stolzes Banner ihres unrühmlichen Sieges auf der Wallstatt auf. Dann gingen sie hinaus und machten sich die Erde untertan.

Berechtigter Zweifel

Vor einigen Jahren hatte ich ein lustiges Nazi-Erlebnis, von dem ich gerne berichten möchte. Es war nämlich so, daß in München die Wehrmachtsausstellung eröffnet werden sollte, dann auch tatsächlich eröffnet wurde, und sich deswegen ein paar tausend Nazis aus dem ganzen Reich aufmachten, um dagegen zu protestieren. Jetzt hatte sich aber ein Trupp ortsfremder Nazis offenbar verfahren und stand nun ratlos in der Nähe einer Gegendemonstration vor der Universität herum. Worauf einer der Skins, von diesem Anblick schockiert, die Arme gen Himmel hob und in breitestem Sächsisch wehklagte: „Oh Odin, warum läßt du das zu?" Wir haben alle sehr gelacht.

Was man so erben kann

Als meine Oma gestorben war, haben wir beim Ausmisten des Dachbodens eine kleine Holzschachtel gefunden. Auf dem Etikett stand in feinem Sütterlin geschrieben: „Unbrauchbare Schnurreste 1938". Weitere Jahrgänge fanden wir nicht, und darüberhinaus war die Schachtel leer. Während des Krieges war meine Oma wohl ein wenig klüger geworden.

Ein Markentraum

Bisher glaubte ich, den Versuchungen des Kapitalismus gegenüber relativ immun zu sein. Ob bei Milch oder Hosen, die Marke des Produktes ist mir völlig wurscht, wenn es nur billig und nicht sauer ist und keine Löcher hat. Neulich aber bin ich selig lächelnd aufgewacht, weil ich im Traum mein No-name-Gedächtnis gegen eines von Armani eingetauscht hatte. Das gab mir dann doch zu denken.

Nummer 64

Rom, 15. August

Liebe Mutter,

wenn Du diesen Brief erhältst (ich hoffe, daß Du ihn erhältst), ist es vielleicht schon zu spät. Sei mir nicht böse, daß ich mich erst jetzt bei Dir melde und auf diesem etwas ungewöhnlichen Wege, aber leider war es mir unmöglich, Dir früher zu schreiben.

Eigentlich wollte ich ja nur eine Woche in Rom bleiben und jetzt bin ich schon ein halbes Jahr hier. Bestimmt vermißt Du mich, aber mache Dir bitte keine Sorgen, es geht mir sehr gut, meine Brüder passen gut auf mich auf. Mamma und Papa sind sehr lieb und ich habe auch reichlich zu essen, nur leider darf ich nicht mehr hinaus, aber das verstehe ich, es ist ja zu meiner eigenen Sicherheit.

Ich schreibe Dir auch deswegen, weil ich nicht möchte, daß man Dir Lügen über mich erzählt. Mamma und Papa machen sich große Sorgen, deshalb wollen Sie nicht, daß ich Dir schreibe, aber schließlich gehörst Du zur Familie, deshalb sollst Du die Wahrheit erfahren, auch wenn sie mich dadurch finden sollten. Ich will nicht, daß meinen Eltern, Brüdern und Schwestern weiteres Leid zugefügt wird, also verhalte ich mich ruhig. Durch meine Schuld ist schon genug Schande über meine Familien gekommen. Trotzdem, ich finde, Du hast ein Recht darauf, schließlich hast Du schon so lange nichts mehr von mir gehört.

Denk bitte nicht schlecht von mir, Du weißt, es liegt mir fern, Dir weh zu tun, aber es muß sein. Du wirst verstehen, ich mußte es tun. Pasquale war mein Bruder. Ich habe ihn geliebt. Aber er hat Michelangelo getötet. Michelangelo. Er war erst 17. Mamma hat vier Tage und Nächte geweint. Ich habe es nicht ertragen, also bin ich zu Pasquale gegangen und habe ihn erschossen. Ich war so dumm, ich habe seiner Familie, die auch die meinige ist, ich habe seiner Mamma, die auch die meinige ist, sehr viel Leid zugefügt.

Es kam dann alles noch viel schlimmer. Mein Bruder Mario und meine anderen vier Brüder Tonio, Giovanni, Guiseppe und Adriano haben Rache geschworen. Mamma, also Marios Mamma, die auch die meinige ist, hat vier Tage und Nächte um Pasquale geweint und dann noch mal vier Tage und Nächte um mich. Doch ich lebe noch und dafür ist Romano tot. Romano. Er war erst 16, noch ein Kind. Er konnte gerade mal mit einem Messer umgehen. Mario hat ihn erschossen.

Der Junge hatte keine Chance. Mamma hat vier Tage und Nächte geweint. Ich habe mir meine Familie zum Feind gemacht.

Ich weiß, es ist nicht einfach zu verstehen, wie es so weit kommen konnte. Ich begreife es selbst nicht. Ich versuche, meine Gedanken in Ordnung zu bringen und kann oft nicht schlafen. Dann muß ich an meine toten Brüder denken, die durch meine Schuld starben und mich packt Verzweiflung und Wut. Meine Brüder Fabio, Claudio und Federico geben gut auf mich acht, obwohl ich soviel Leid über unsere Familie gebracht habe, und trotzdem habe ich oft Angst, daß meine Brüder mich finden. Sie würden mich wieder verschleppen oder gleich an Ort und Stelle töten.

Warum ist das Leben so grausam? Dabei hat alles so gut angefangen. Ich war glücklich in Rom. Diese Stadt ist wirklich voller Wunder. Und voller Gegensätze. Rom kann so schön sein und gleichzeitig so häßlich. Manchmal möchte man diese Stadt umarmen, weil sie so schön ist, man wirft sich ihr zu Füßen, aber sie tritt dich in die Seite. Du küßt ihr den Rocksaum, sie hebt dich sanft auf und spuckt dir dann ins Gesicht. Es ist nicht einfach, hier zu leben. Die Römer sind von Grund auf wahnsinnig. Vielleicht bin ich auch schon wahnsinnig. Ich kann nicht sagen, daß ich schlecht aufgenommen worden wäre. Ich hatte ja schon viel über Rom gelesen und war gut vorbereitet, aber auf das, was mir dann geschah, hätte mich niemand vorbereiten können. Meine Familie, also meine eine Familie, bei der ich jetzt lebe, handelt mit Andenken. Ich stelle sie her. Wir verkaufen Gipsplastiken, das Colosseum, den Titusbogen und so weiter. Ich gieße die Formen aus und überarbeite die Rohlinge. Das ist eine eintönige Arbeit, aber Mamma ist sehr zufrieden mit mir. Ich habe auch genug Zeit, diesen Brief zu kopieren und in den Plastiken zu verstecken. Den Bocca della Verità habe ich so präpariert, daß Platz für diesen Brief ist und er schnell zu Bruch geht. Wenn die Leute ehrlich und aufmerksam genug sind, müßte Dich wenigstens ein Exemplar erreichen.

Eigentlich wollte ich Dir ja erzählen, wie es soweit kam, daß meine beiden Familien miteinander verfeindet sind, durch meine Schuld miteinander verfeindet sind. Ich war gerade auf dem Weg in den Vatikan und wollte dort die Museen besuchen. Ich habe mir wirklich nichts dabei gedacht, als ich der Signora meinen Platz angeboten habe. Sie ist eine alte Frau (meine Großmutter, ich liebe sie) und schon sehr gebrechlich, aber es schien niemanden zu kümmern. Die Römer sind so. Sie hatte eine Menge Taschen dabei und konnte sich nirgends festhalten. Die Busfahrer in Rom sind ja völlig skrupellos. Wenn der Autobus nicht so überfüllt gewesen wäre, hätte sie sich alle Knochen gebrochen. Ich habe der Signora gewunken und ihr bedeutet, daß ich meinen Platz freimachen würde. Sie hat mich nicht verstanden, also bat ich einen Herren neben mir, es ihr zu sagen. Der Mann hat mich mit großen Augen angeschaut, hat dann etwas, was ich nicht verstanden habe, zu seinem Nebenmann gesagt, und dieser wiederum rief einem weiter hinten stehenden etwas zu. Schließlich brüllten alle durcheinander, der Bus hielt an, die Menge teilte sich und machte meiner Großmutter Platz. Die gute Frau war zu Tränen gerührt und ganz sprachlos. Sie küßte meine Hände, es war mir so peinlich. Die Männer um mich herum klopften mir auf die Schultern, ein paar weinten auch, der Busfahrer kam nach hinten durch, drückte mich an sich und nannte mich einen Bruder. Ich verstand gar nicht, was da vor sich ging, ich begreife es immer noch nicht. Nun ja, den Vatikan habe ich nicht gesehen, ich wurde auf Händen getragen und zu meiner Großmutter nach Hause gebracht. Die Menschen in unserer Straße waren buchstäblich aus dem Häuschen, das Fest dauerte sieben Tage und die Menge zerstreute sich erst nach einer weiteren Woche. Jedenfalls wurde ich dann adoptiert.

Das Leben könnte so wunderbar sein, doch ich habe mein Glück zerstört. Ein kleiner, dummer Fehler und alles ist kaputt. Ich hätte aus dem, was mir geschah, lernen müssen, daß man sein Glück nicht herausfordern soll. Ich hätte nie wieder den Bus nehmen dürfen, ich hätte der Signora, meiner Großmutter (meiner anderen Großmutter natürlich, die ich liebe), meinen Platz nicht anbieten dürfen. Es kam, wie es kommen mußte. Ich wurde ein zweites Mal auf Händen getragen.
Meine Familie, also meine eine Familie, bei der ich jetzt lebe, hat mich erst nach einem Monat ausfindig machen können. Und meine Brüder mußten deshalb sterben. Und ich bin zum Brudermörder geworden. Das Leben ist so grausam.

Oben höre ich Lärmen. Also haben sie mich gefunden. Wer wird heute nacht sterben? Vielleicht muß ich gehen. Ich werde diese Kopie beenden und grüße Dich, meine geliebte Mutter in der Fremde, ein letztes Mal. Lebe wohl.

DR. DREIUNDZWANZ

Fünfzehn

Oft hat der Herr versucht, das Haus zu verlassen, nur selten ist es ihm geglückt. Wenn es sich als notwendig erwies, sei es, um ein Paar neuer Hausschuhe zu erwerben oder ein Kilo Milch, dann tat er sich in Rock und Mantel und vergaß auch nicht auf Schlüssel und Portemonnaie. Manche Stunde hat er an der Tür verbracht, meist in unbequemer Haltung, gebückt, das gute Auge stets am Schlüsselloch. Waren endlich Schritte zu hören, die einen Passanten ankündigten, dann zögerte er nicht lange, gerade lang genug, sich zu überwinden, unverblümt, beinah heftig fordernd und in gespannter Erwartung an das Holz zu klopfen. Doch wie gesagt, selten hat ihn einer hinausgelassen.

Sechzehn

Der Herr hat eine unpopuläre Entscheidung getroffen: er will den Beweis erbringen, daß es sehr leicht ist, einen anderen Menschen nicht zu töten.
In einem Fachgeschäft deckt er sich mit den notwendigen Werkzeugen ein. Er ist nun im Besitz der wirksamsten Tötungsinstrumente: ein Totschläger, ein Würgedraht, ein Mittel zum Zweck, eine Knarre, ein Abtuer, eine Hundsgurgel. Der Waffenhändler weist ihn kundig in die Handhabung der Geräte ein.
Nun sind alle Menschen gleich. Der Herr aber geht nach Hause und bewahrt die Ruhe.

Siebzehn

Der Herr will sich einer verehrten Person erklären, doch wie er es auch beginnt, es gelingt ihm nicht, Subjekt, Prädikat und Objekt in die gewünschte Reihenfolge zu bringen. Jeder Versuch, seine Gefühle in Worte zu kleiden mißglückt, sobald er den Mund auftut. Da klingt es wie „Bilanzbuchhaltung" oder „Kraftfahrzeugschein".
Geläutert kehrt der Herr an seinen Schreibtisch zurück, da es ihm mit einem Mal albern erscheint, soviel Geist und Witz in ein Vorhaben zu investieren, das nicht dazu taugt, einsame Stunden auszufüllen.

Achtzehn

Ein unauffälliger Herr mit Talent schärft seine Sinne am Unglück anderer Menschen. Immer findet er etwas, um das sich gekümmert werden muß. Er tut das Nötige. Nicht aus Mitleid, nicht aus Gefallsucht, ohne auf Dank zu hoffen.
Nach Art der heiligen Kümmernis trägt er einen dichten Bart, denn es geht niemanden an, ob ihn etwas bekümmert.
Ist der Herr entschlossen, sich zu kümmern, richtet ihn das zu seiner wahren Größe auf. Einem Feldherren gleich macht er sich dann ein Bild der Lage, befiehlt seine Untergebenen zu sich und erteilt neue Order: „Das Sofa nach rechts!" oder „Dieses und jenes gehe uns aus den Augen!" oder „Das ist ja wohl kaum zu fassen! Sofort in Aktion treten!" Die Sorgen und Nöte stehen stramm, nehmen seine Befehle entgegen und ziehen wieder in die Schlacht.
Die Menschen sind dankbar, denn was wären sie ohne den Kümmerer? Alles bliebe beim alten. Er ist es, der ihnen ein wenig Abwechslung verschafft.

Neunzehn

Auf Abendgesellschaften soll der Herr ein gern gesehener Gast sein. Man gibt ihm zu trinken und bittet ihn in die Nähe des Kamins. Es heißt, der Herr sei doch mehr als eine schillernde Persönlichkeit. Manche nennen ihn aalglatt und oberflächlich, andere wiederum halten ihn für brillant.

Tatsächlich begeistert er wohl durch herrliches Farbenspiel, jeder Lichtstrahl läßt ihn schillern wie eine Schule tropischer Fische. Aber es ist durchaus bekannt, daß er ein unglaublich langweiliger Bursche ist. Niemand nimmt es ihm übel, wenn er einfach sein verleumderisches Maul hält, es wird sowieso viel zuviel Unsinn geredet. Die Zeitungen berichten ja ständig von sowas.

Zwanzig

Der Herr war eingeschlafen. Eine Weile geschah nichts ungewöhnliches, dann gar nichts. Später vermochte der Herr nicht zu sagen, was ihn wohl geweckt haben mag. War es ein Moment ungewohnter Stille gewesen? Hatte da nicht jemand seinen Namen ausgesprochen? Jemand, der Geduld und Umsicht genug besitzt, jedem Ding einen sanften Stoß zu versetzen, damit es seinen Platz wechselt?

Die Dinge waren nicht mehr an ihrem Platz. Nur um den kleinsten Teil eines Millimeters verschoben, und doch war die Veränderung auf perfide Weise offensichtlich. Selbst der Staub schien verlegen, verschämt bildeten sich Wölkchen. Der Herr verlor die Orientierung, auch er war ja nun nicht mehr an seinem Platz.

Natürlich löste sich dann alles in Wohlgefallen auf. Ein Mißgeschick, nichts weiter. Der freundliche Herr von nebenan konnte es sich auch nicht erklären. „Nun, wir werden uns daran gewöhnen müssen. Wer weiß, eines Tages vielleicht...?"

Man trank noch ein Gläschen Wein, wünschte angenehme Nachtruhe und empfahl sich. Der Herr betrachtete gelassen seinen neuen Körper. Er hätte es schlechter treffen können. Ein guter Tausch.

Es kann nur einen geben

In einer deutschen Amtsstube. Der Bürgermeister, Bürodiener Ludvicka.

Bürgermeister	Ludvicka, kommens mal her.
Ludvicka	Heil Hitler, Herr Bürgermeister. Jawoll.
Bürgermeister	Ludvicka, wissen Sie, was morgen für ein Tag ist?
Ludvicka	Mittwoch, Herr Bürgermeister.
Bürgermeister	Wollns frech werden. Ludvicka? *Ludvicka zittert* Führers Geburtstag, Ludvicka! Sagt Ihnen das was?
Ludvicka	Jawoll, Herr Bürgermeister.
Bürgermeister	Was werden wir also morgen tun, Ludvicka, erinnern Sie sich?
Ludvicka	... äh?
Bürgermeister	Ich werd's Ihnen sagen, Ludvicka. Morgen werden wir die bisherige Schulstraße feierlich in Adolf-Hitler-Straße umbenennen.
Ludvicka	Jawoll! Bloß, Herr Bürgermeister, jetzt haben wir doch schon 32 Adolf-Hitler-Straßen und 17 Adolf-Hitler-Plätze. Zwei Adolf-Hitler-Bahnhöfe und einen Adolf-Hitler- Stadtpark haben wir ja auch schon.
Bürgermeister	Ja und? Was wollen Sie mir damit sagen, Ludvicka? Haben Sie daran etwas auszusetzen?
Ludvicka	Ja, Nein! Mit Verlaub, bitte verstehen mich Herr Bürgermeister nicht falsch, aber ein wenig verwirrend ist das schon. Ich mein ja bloß, also mein Schwager, der ist ja Taxler, und der meint schon auch, daß...
Bürgermeister	So was meint er denn, der Herr Schwager?
Ludvicka	Also mit Verlaub, aber könnte man

	nicht, ... daß man zum Beispiel diese ganzen Adolf-Hitlers einfach tut durchnumerieren?
Bürgermeister	Durchnumerieren? Wie stellen Sie sich das denn vor, Ludvicka? Unsern geliebten Führer gibt es doch auch nur einmal, Ludvicka! Und dann die Streiterei, die Eifersüchteleien! Der Huber hat seine Metzgerei am Ersten, der Müller die seinige aber nur am Siebten! Was glauben Sie, was das Gewerbe mit mir macht, wenn ich das einführe, Ludvicka? Nein nein Ludvicka, so geht das nicht. Aber schauen Sie, so schlau wie wir, sind die in Berlin schon lange.
Ludvicka	Ja, bestimmt!
Bürgermeister	Auch an höherer Stelle macht man sich Gedanken, Ludvicka, da sind Sie nicht der Einzige. Und im Unterschied zu Ihnen kommt dabei auch was raus. Schaun Sie, hier, die Verordnung Nummer 41/3174b des Reichshauptamtes für Straßenbenennungswesen. Ich zitiere kurz: Die großartige völkische Gesinnung des deutschen Volkes und dessen Eifer erfüllen den Führer mit Freude und Dankbarkeit. Aber auch die Sorgen und Nöte sollen nicht unerhört bleiben. Deshalb tritt folgende Verordnung in Kraft. Häufiger auftretende und dabei gleichlautende Bezeichnungen für Straßen, Plätze und öffentliche Einrichtungen, werden ab sofort durch Akzentuierung im Mündlichen wie im Schriftlichen unterschieden, sofern nicht eine weitere spezifini – spitzi – ah, wo hab' ich denn mei-

	ne Brille? – spiti – Herrgott, is des ein Deutsch! – na jedenfalls eine weitere Bezeichnung hinzukommt, die eine Unterscheidung ermöglicht. Heil Hitler, gezeichnet und so weiter. Also, Lukaschek...
Ludvicka	Ludvicka, Herr Bürgermeister. Lukaschek, das ist mein Schwager, der Taxler.
Bürgermeister	Ludvicka!
Ludvicka	Jawoll!
Bürgermeister	Haben sie das jetzt verstanden?
Ludvicka	Mit Verlaub, nein.
Bürgermeister	Das habe ich mir gedacht. Passens auf Ludvicka, hier haben Sie jetzt eine Liste mit allen unseren Adolf-Hitler-Straßen und Plätzen. Daneben steht die neue Schreibweise.Und damit Sie nix verwechseln und alles seine Ordnung hat, hab ich die alten Straßennamen dazugeschrieben. Also, holen Sie sich im Bauhof einen Eimer weiße Farbe und einen Pinsel und erledigen Sie das, klar?! Haben Sie mich verstanden, Ludvicka?
Ludvicka	Äh, jawoll, nein – also, wie jetzt? Die alte Bahnhofstraße heißt jetzt dann also Ádolf -Hitler-Straße?
Bürgermeister	Richtig! Aaaadolf-Hitler-Straße. Bravo.
Ludvicka	Und da mach ich dann auf das A vom Adolf einen Strich.
Bürgermeister	Richtig, Ludvicka. Einen Akzent auf das A. Ich sehe, wir haben uns verstanden, also...
Ludvicka	Ja Moment, die alte Luisenstraße heißt dann aber auch Aaaadolf-Hitler-Straße.
Bürgermeister	Was? Wieso? Ludvicka, haben Sie keine Augen im Kopf? Was haben wir denn da?

52

Ludvicka	Ach da! Über dem O. Auch ein Strich.
Bürgermeister	Richtig. Und wie sprechen wir?
Ludvicka	Aaaadooolf-Hitler-Straße.
Bürgermeister	Bravo, Ludvicka. Also, auf geht's.
Ludvicka	Ja gut, aber ...
Bürgermeister	Ja, was is denn noch?!
Ludvicka	Also die beiden da, die schauen für meine Begriffe völlig gleich aus.
Bürgermeister	Für Ihre Begriffe? Ja zefix, Lukaschek, wo habens denn heute Ihren Verstand gelassen? Lesen's doch bitte mal laut vor!
Ludvicka	Äh, also ... Aaaadooolfff-Hiiitleeer-Straßeee.
Bürgermeister	Richtig. Und jetzt die hier.
Ludvicka	Das ist doch genau ....
Bürgermeister	Lesen Sie's vor, sag ich!
Ludvicka	Jawoll! Aaaadooolfff-Hiiitleeer-Straßeee. Das ist doch genau ....
Bürgermeister	Falsch, Ludvicka, falsch! Hier, über dem E von Straße. Wo schaut das Stricherl hin, Ludvicka? Nach links schaut's, Ludvicka! Is des so schwer, du Depp? Und was machen wir mit allem, was nach links schaut, Ludvicka?
Ludvicka	Äh, mit den Linken? Na, einsperren halt.
Bürgermeister	Schon wieder falsch, Ludvicka! Kürzer! Wir machen Sie einen Kopf kürzer, Ludvicka! Und deswegen wird auch dieses E nicht gedehnt, sondern verkürzt! Kapiert, Ludvicka? Lesen!
Ludvicka	Jawoll! Aaaadooolfff-Hiiitleeer-Straßä.
Bürgermeister	Richtig Ludvicka. Sind wir dann soweit? Es ist mir ja immer ein Vergnügen, mit Ihnen zu plaudern, Ludvicka, aber ich habe heute auch

	noch was anderes zu tun. Also ...
Ludvicka	Ja, mit Verlaub, Herr Bürgermeister, jetzt entschuldigen Sie aber schon, mir fällt hier gerade auf, daß ...
Bürgermeister	Ja Herrgottnochmal! Leckens mich doch am Arsch, Ludvicka! Schauns, daß Sie an die Arbeit kommen! Morgen früh ist mir das erledigt! Wie Sie's anstellen, ist mir scheißegal! Haben Sie mich verstanden? Ich laß mich doch hier nicht zum Hammel machen. Kruzefixnochmal, warum hat der Mensch auch so einen saublöden Namen! Wenn er Meier heißen tät, dann könnt' man ja wenigstens noch variieren! Was schauns mich denn jetzt so deppert an, Sie Rindvieh? ... Äh hrmmm ... Heil Hitler!

Unbekannte Dichter

Folkwin Geier, * 1912 in Furth im Wald.
Ein Britischer General nannte ihn einmal *the german Sherman*. Dies wurde als Empfehlung für einen höheren Rang in der Nachfolgeorganisation der Wehrmacht interpretiert. Der Panzergeneral weiß sein eigentlich empfindsames Wesen in der Tat gut zu verbergen. In seinen Schriften deutet nichts darauf hin, daß er womöglich auch an Blumen und Tieren Gefallen finden könnte. Gibt sich gerne einsilbig und hat eine Vorliebe für einprägsame Nachnamen. Lebt seit seiner Pensionierung aus taktischen Gründen in Passau.

Christa Grammel, *1967 in Neuss.
Als kleines Mädchen mußte sie einmal dem Altbundespräsidenten Lübke ein paar Zeilen zur Begrüßung vortragen. Lübke war wie immer irritiert, hat sie aber dann doch geherzt und ermahnt, „nicht immer nach Erfolg und Ruhm zu streben, weil das nur Lärm macht." Besser sei es, „zu warten, bis man aufgerufen wird."

Ignaz Gruber, * 1892 in Büchlberg/Ndb., † 1998 in Passau.
Der Häusler und Taglöhner wurde 1920 wegen Blasphemie zu 18 Monaten Zuchthaus verurteilt. Er hatte bei strömendem Regen auf dem Feld arbeiten müssen und hat sich dafür am Hl. Petrus gerächt, indem er dessen Bildnis aus der nahen, dem Heiligen geweihten Kapelle holte und die Statue mit den Worten: „So, itz sixt amoi, wia des is!" ins Freie stellte. Hat sich dann im Gefängnis Lesen und Schreiben beigebracht. Bauarbeiter in München. Befreundet mit Georg Schrimpf und Oskar Maria Graf. 1931 *Totwasser. Roman eines Unbedarften.* 1938-45 KZ-Haft in Dachau. Zuletzt Gastwirt in Passau.

Trude Herburger, * 1919 in Wipperfürth, † 1960 in Köln.
Entstammte unklaren Verhältnissen. Sandkastenfreundin von → Walter Sperber. Mystikerin und Vereinsmeisterin im Kugelstoßen 1951. Machte das Beste aus ihrer Rechtschreibschwäche und erlangte einen gewissen Grad an Bekanntheit. Verlor durch unvorsichtiges Hantieren mit Brennspiritus ihre Stimme. Starb einsam und unerhört.

Nikolaus Hoffmann, * 1941 in Buenos Aires.
Sohn deutscher Immigranten. 1949 Rückkehr der Familie nach Berlin. 1951 Übersiedelung in den Westteil der Stadt. Hoffmann, gleichermaßen von Literatur und Musik begeistert, erlernt auf Wunsch

seiner Eltern das Cello und reüssiert in Berlin, Hamburg und Essen. Als knapp 20jähriger zieht er sich, „im Grunde nur an der Theorie der Musik interessiert" von der Bühne zurück, „um endlich mal was zu schreiben". 1961 Dramatisierung eines Adornotextes. Gründgens persönlich holt ihn ans Deutsche Schauspielhaus nach Hamburg. Es folgt eine beispiellose Karriere. 1965 Flucht nach Italien, „um endlich mal was zu schreiben". In der Toskana trifft Hoffmann die zehn Jahre ältere Künstlerin Helga Semmel, die sofort sein malerisches Talent entdeckt und ohne sein Wissen einige seiner Skizzen nach Wien schickt. Es folgt eine beispiellose Karriere. 1968 Sonderausstellung in Kassel. Hoffmann werden zahlreiche Professuren angetragen, die er alle erbittert ablehnt. 1969 Flucht nach Marokko, „um endlich mal was zu schreiben". Er verliebt sich in die junge Französin Rosalie Biastie. Überstürzte Flucht nach Indien, nachdem sich Biastie bewundernd über einige seiner Landschaftsfotographien geäußert hat. Gilt als verschollen.

Horstmann (Horst Mann?), * um 1914 in Ottensen, † ?
War seit seiner frühesten Kindheit für seine Unauffälligkeit bekannt. Brachte es wohl aus Menschenscheu nie zu einem Vornamen. Seine greisen Eltern wollten sich nicht an ihn erinnern. Auch ihre Spuren hat der Krieg getilgt (Warum hat Thomas Mann Ottensen zeitlebens gemieden?).

Erwin Irlbeck, * 1907 in Straubing, † 1970 ebd.
Kam als Handlungsreisender in russische Kriegsgefangenschaft. 1946 Flucht über Odessa, Istanbul, Kufstein nach Straubing. Hatte „die Nas'n g'strichen voll" und verließ das Haus nur noch, wenn es unbedingt nötig war. Für seine präzise und schonungslose Schilderung von Krieg, Gefangenschaft und Flucht fand sich kein Verleger. Auf Anraten eines Freundes würzte er sein Manuskript mit pikanten Details aus dem Soldatenleben. Der Erfolg ließ nicht auf sich warten. Diesem *Es war eine schöne Zeit* betiteltem Band folgte eine Sammlung amüsanter Anekdoten (*So lustig war der Arbeitsdienst*). Als 1970, nach schwerem Krebsleiden, sein Tod abzusehen war, ließ er in der Süddeutschen Zeitung einen offenen Brief veröffentlichen, in dem er sich „recht herzlich für den Batzen Geld" bedankte, „der noch meinen Erben ein sorgenfreies Leben auf Kosten derer bescheren wird, die sich verarschen lassen und dafür auch noch zahlen". Seinen radikalpazifistischen Nachlaß übereignete er einem kleinen sozialistischen Verlag, der ihn 1972 postum und unbeachtet herausgab.

Julius Jelanger, * 1901 in Wunsiedel, † ?
Irrtümlich als Julia Jelanger ins Taufbuch eingetragen, verbrachte er sieben Jahre in einem Mädchenpensionat. Ausbildung zur Hauswirtschafterin. Der knapp 2000 Seiten umfassende Schlüsselroman *Hornblüte* kam nie zur Drucklegung. Unbekannt verstorben.

Thomas Kapielski, * 1851 in Berlin, † nach 1914 in Mexiko.
Theologe und Trinker. Formulierte volltrunken 13 Gottesbeweise, hat aber 12 davon stocknüchtern beim Kartenspiel verloren. Wurde nach Mexiko exkommuniziert. Im dortigen Bürgerkrieg verloren gegangen.

Sabine Kolakowski, * 1902 in Breslau, † 1990 in Dresden.
Die gute Seele von Schkopau wurde sie genannt, und dies völlig zu Recht, wie sich erst später herausstellte. Ihr Neffe beschwört, daß seine Tante sich nie in Schkopau aufgehalten habe. Die Stasi behauptet das Gegenteil. Ihre gesammelten Werke hat die Kolakowski noch eigenhändig verbrannt.

Heinz-Werner Krozing, *1920 in Stade, † 1941 vor Moskau.
Jüngster Sohn eines Austernfischers, Mutter unbekannt. Die Austernfischerei war auch seine Leidenschaft. Einmal holte er einen solch kapitalen Brocken aus der Elbe, daß selbst sechs Parteimitglieder ihn nicht stemmen konnten. Das wollte nach dem Krieg natürlich keiner glauben. Erste lyrische Versuche am 12. April 1934. Letzter lyrischer Versuch am folgenden Tag. Hemingway hat ihn dafür verachtet. November '41 gefallen.

Zehn Fäuste für ein Halleluja

*Bonn 1953, Herrentoilette des Bundestages. Bundespräsident **Heuss** am Urinal.*

Heuss   Ihr naht euch wieder, schwankende Gestalten
Die früh sich einst dem trüben Blick gezeigt.
Versuch ich wohl euch festzuhalten?
Fühl ich mein Herz noch jenem Wahn geneigt?
Ihr drängt euch zu! Nun gut, so mögt ihr walten
Wie ihr aus Dunst und Nebel um mich steigt
Mein Busen fühlt sich jugendlich erschüttert
Vom Zauberhauch, der euren Zug umwittert.

*Es tritt auf **Hans Globke**, Staatssekretär im Kanzleramt*

Globke   Indes ihr Komplimente drechselt
Der Worte sind genug gewechselt.
Laßt mich auch endlich Taten sehen!
Kann etwas Nützliches geschehen?

Heuss   Geh hin und such dir einen anderen Knecht!
Der Präsident sollte wohl das höchste Recht
Das Menschenrecht, das ihm Natur vergönnt
Um deinetwillen freventlich verscherzen!
Wodurch bewegt er alle Herzen?
Wodurch besiegt er jedes Element?

Globke   Worauf ihr baut, ist Sand, kein festes Fundament.
Seid gewiß ihr alter Herr
Ihr seid ein Mensch, nicht mehr.
Und wißt eines, in diesem Land
Hat sich durch die Jahre nichts verändert.
Der Rest ist Schein, Fassade
Schwarzrotgold gerändert.
Seht euch selbst, was seid ihr schon.
Ich hör euch noch im Reichstag sprechen
Mit trübem Blick am Mikrophon
Und heute wollt ihr euch erfrechen
Euch einen Demokrat zu nennen?
Macht dem ein Ende, nehmt ein Messer

Wir alle, die wir euch gut kennen
Wir wissen's besser.

Heuss   Aus eurer Rede spricht nur Hohn und Stolz
Ein falscher, denn wie bekannt, wächst dieser
Mit der Dummheit immer noch auf einem Holz.
Ich habe Hitler nicht ermächtigt
Ein solcher Vorwurf läßt mich ungekränkt.
Wir waren damals alle übernächtigt.
Meine Gunst hab ich dem Gröfaz nie geschenkt.

Für euch ist dieser Staat der sich're Hafen
In den ihr euer leckes Schiff gesteuert.
Übernächtigt wart auch ihr
Und habt dann 12 Jahre lang gut geschlafen.
Mein Gott Globke, haltet ihr mich für bescheuert?

Globke   Diesen Schuh laß ich mir nicht anziehen.
Auch wenn es eurem wirren Geist so schien
Ich war kein treuer Diener meines Herrn.
Ein Herr, dem ich wohl diente, doch niemals gern.
Und so, wie ich hier steh'
Schwör ich bei meinem pochend Herz
Schon im Jahre '45, es war im ... März
War mir bekannt, daß der Nazi ein Verbrecher ist
Drum ging ich in den Widerstand.

*Es treten auf der Vertriebenenminister **Dr. Theodor Oberländer** und der Wasserminister **Waldemar Kraft**.*

Globke   Ihr beide, die ihr mir so oft
In Not, in Trübsal beigestanden
Sagt, was ihr wohl in deutschen Landen
Von uns'rer Unternehmung hofft.

Oberländer   Zu hoffen mag ich noch nicht wagen,
Ein Sehnen ist es doch vielmehr.
Vertrieben aus der Heimat
Doch ich will nicht klagen.
Das Werk, das wir beginnen
Wird wohl wahrlich schwer.

Heuss	Was redet dieser Schwätzer hier von Werken ...
Kraft	Laßt mich es euch erklären Herr Ihr werdet merken Es ist die große Tat Die unser Volk von uns verlangt.
Globke	Für diese Rede seid bedankt Kollege, doch weiter müht euch nicht Und nehmt zur Kenntnis Dieser Herr ist Demokrat Deshalb fehlt ihm das Verständnis.
Kraft	Oh, laßt nur gut sein, denn ich müh mich gern. Bin nur ein kleines Rädchen Im großen Räderwerk des F...Herrn! Wie ihr wißt, ist mein Ressort das nasse Element. Wasser ist so wichtig, wie Atom Wie schon der Kanzler meint. Ich bin ein Mann mit Weitblick, der sofort erkennt Wenn etwas uns'rer Sache dienlich scheint. Der Ozean, meine Herren Kollegen Ist weit und unermeßlich Und beinah überall gelegen ...
Heuss	Was soll das werden?
Kraft	... und auf dieser Erden Bin ich der eine Minister für das Wasser Ganz alleine! Drum spreche ich im Namen unserer Nation: All das Wasser, es sei deutsch! Ach was, es sei, es ist es schon! Der Feind nahm uns die Heimat Nahm das Vaterland Der Herr gab uns das Wasser dafür als Unterpfand! Wo immer auch ein Deutscher weilt Da ist deutsches Wasser. Das Weltmeer, es bleibt deutsch Und diesmal ungeteilt!

Heuss	Wollt ihr meine Meinung hören
	Ihr seid verrückt
	D'rauf könnt ich schwören.

*Es tritt auf der Landwirtschaftsminister **Heinrich Lübke**.*

Lübke	Was für Gezänk an diesem Orte.
	So viel Streit, so böse Worte.
	Seid heut fröhlich, meine Brüder ...

| Heuss | Böse Menschen kennen keine Lieder. |

Lübke	Ei doch, so will ich meinen.
	Von eurem Zank hatt' ich noch keine Kunde.
	So schnell verurteilen würd' ich keinen
	Drum laßt mich sein der fünfte in eurem Bunde.

| Heuss | Wie soll ich das verstehen? |
| | Wollt ihr schlichten oder zanken? |

| Lübke | Ich kann auch wieder gehen |
| | Ihr braucht euch gar nicht zu bedanken. |

Globke	So bleibt doch, so bleibt, ihr habt ja recht.
	Seid ihr auch von schlichterem Gemüt
	So seid ihr doch nicht schlecht.
	Drum Brüder, wie wär's mit einem Lied?

Alle heben an zu singen: „Das weiche Wasser bricht den Stein"

Die Erfindung der Temperamente

Hippokrates, der weise Mann
Studiert die Macht der Säfte
Bei Stavros kehrt er ein sodann
der schafft fünf Krüge Wein heran
und auch zwei Flaschen Enzian
Das Destillat weckt Kräfte

Hippokrates, schon ziemlich blau
Lädt alle ein zu feiern
Verschlingt noch eine halbe Sau
Stellt seinen Körperbau zur Schau
Vergreift sich an des Schankwirts Frau
Und muß dann furchtbar reihern

Phlegma, Melancholia
Schleim und Nachtigallen
Sanguis und Cholera
Blut und ekle Quallen
Quellen aus Hippokrates
In kurzen Intervallen

Heureka, plärrt Hippokrates
Schafft her den guten Wein
Holt Weiber in die Separées
Dessert, Kaffee und Kanapées
Ihr Säfte, öffnet Dekolletées
Alles fließt, so soll es sein

Falsche Freunde

Der Butterbär

Wie der Butterbär zu seinem Namen kam, ist bis heute ungeklärt. Manche meinen, es handle sich um ein Mißverständnis, andere behaupten das Gegenteil.

Nachts streift er durch die Straßen und lockt junge Mädchen in dunkle Gassen, um dann unverrichteter Dinge zu entfliehen. Was soll man davon halten?

Der Kurschatten

Der Kurschatten, ein Gewächs aus der Familie der Lippenblütler, ist das schwarze Schaf (wenn man einen Pflanzenfresser hier zum Vergleich überhaupt heranziehen mag) dieses großen und ruhmreichen Geschlechts, das mit Salbei, Melisse, Thymian, Majoran und vielem anderen auch heute noch in aller Munde ist.

Seine Mutter, so wird erzählt, ließ sich in jungen Jahren mit einem ganz üblen Nachtschattengewächs ein. Aus dieser Verbindung ging der unglückselige Bastard hervor. Der Kurschatten bemühte sich redlich, seiner berühmten Verwandtschaft alle Ehre zu machen, doch als Heil- oder Gewürzpflanze bewährte er sich nicht. Um nicht als Unkraut am Wegesrand zu enden, nahm er einen schlecht bezahlten Posten als Zierstrauch in Bad Wörishofen an. Er arbeitete sich hoch bis zum Schattenspender, doch bald häuften sich die Beschwerden älterer Damen, er wäre aufdringlich und würde sie mit übertrieben obszönen Reden belästigen. Nach Seehofers Gesundheitsreform abgewickelt, verlor sich seine Spur in der Schweiz. Fand wahrscheinlich Unterschlupf bei Eduard Zwick.

Die Sekretärin

Die Sekretärin haust im Rockaufschlag des Postboten. Daß sie gewerkschaftlich organisiert ist, macht es unmöglich vorauszusagen, wann sie ihr Opfer heimsuchen wird. Wenn es soweit ist, dringt sie unter dem Vorwand, die Post sortieren zu müssen, in das Haus ihres künftigen Wirtes ein und ruiniert dessen Ehe. Tragen Sie deshalb stets die Telefonnummer Ihres Anwaltes und die eines staatlich geprüften Kammerjägers bei sich.

Der Silberfisch

Oft fälschlich auch Silberfuchs genannt, ist der Silberfisch weder mit Fisch noch Fuchs verwandt, sondern mit den Hasenartigen. Sein Fell ist silbrigweiß, sehr dicht und bedeckt bis auf das Haupt den gesamten Körper. In der Öffentlichkeit trägt er stets ein Toupet, das ihm auch gestattet, seine großen, häßlichen Ohren zu verstecken. Auffällig sind auch die riesigen Augenbrauen und das aus Nase und Ohren wuchernde drahtige Haar. Trotzdem das Tier viel Schaden anrichtet, kann man ihm eigentlich nichts vorwerfen, ist doch sein abnormaler Geschlechtstrieb auf einen gestörten Hormonhaushalt zurückzuführen und die Störung also mittels einer kleinen Operation leicht zu beheben.

Der Schülerlotse

Der Schülerlotse gehört zur Gattung der gemeinen Honigreißer. Er tritt manchmal in kleinen Rudeln auf, ist als Jäger aber ein echter Einzelgänger. Oft agiert er in der Maske des Biedermannes, des Rentners oder des Kriegsversehrten, stets wartet er auf seine Opfer an Straßenkreuzungen in der Nähe von Grundschulen, um den armen Kindern ihre Pausenbrote zu entreißen. Wie jedes Raubtier versucht er zunächst, seine Beute in Sicherheit zu bringen, wenn er sie nicht schon während seiner Flucht gierig verschlingt. Wird der Schülerlotse gestellt, beruft er sich auf sein hohes Alter oder seinen (natürlich gefälschten) Schwerbehindertenausweis. Meist jedoch stellt er sich einfach taub.

Der Bademeister

Der Bademeister ist ein entfernter Verwandter der Quallen. Vor langer Zeit hat er den Schritt aufs Land gewagt. Die heute lebenden Arten bevölkern alle Kontinente, im Sommer jedoch suchen die ausgewachsenen Individuen instinktiv die Nähe zum Wasser, das für ihre Fortpflanzung unbedingt notwendig ist.
In früheren Zeiten gestaltete sich das Überleben für den Bademeister zuweilen äußerst schwierig, erst die moderne westliche Zivilisation bot ihm dann ausreichend Lebensraum. Frei- und Hallenbäder ließen die Anzahl der Bademeister jedoch sprunghaft ansteigen, so daß die Einführung einer Abschußquote bedenkenswert erschien. Gerade die ganzjährig geöffneten Bäder boten dem Bademeister Gelegenheit zu unkontrollierter Fortpflanzung. Doch da in sehr vielen Bädern inzwischen kaum mehr Wert auf das Tragen einer Badekappe gelegt wird,

hat sich die Population, zumindest in Westdeutschland, wieder auf dem Stand von 1933 eingependelt.

Das Wesen des Bademeisters ist parasitär. Er wartet in seinem Verschlag, bis ein Opfer seinen Weg kreuzt. Ältere Menschen leiden bisweilen unter Zerstreutheit, der Jugendliche jedoch entscheidet sich meist spontan zum Besuch einer Badeanstalt. So hat in jedem Fall der Bademeister die Möglichkeit, seinen im Larvenstadium befindlichen Nachkommen einen für deren Entwicklung unerlässlichen Wirt zu verschaffen. (Es scheint so, als würde der Bademeister an schlechten Tagen nicht davor zurückschrecken, den wenigen Badegästen ihre echten Badekappen zu entwenden, um sie so zum Erwerb einer Larve nötigen zu können. Das behauptet zumindest H.C. Osborne in seinem Buch *Die andere Seite der Quallen*. P. Hamilton dagegen geht davon aus, daß es gar keine *echten* Badekappen gibt. Nach Hamilton ist das Entwenden von Badekappen eine instinktive Verhaltensweise, vergleichbar der des Löwen, der nach Vertreibung des Rivalen dessen Nachkommen tötet. Ich muß dem entgegenhalten, daß ich seit vielen Jahren Besitzer einer Badekappe bin, die keinerlei Anstalten macht, sich in etwas anderes zu verwandeln, als in eine alte Badekappe). Die Larve, die sich in Form und Farbe stets dem ästhetischen Empfinden ihres Wirtes anpaßt, ernährt sich von dessen Hirnströmen, was bei alten Leuten nicht selten zu Badeunfällen mit Todesfolge führt. Spätestens mit Ende der Badesaison gelangt die Larve in die Wäschkammer ihres Wirtes, wo sie sich dann über die Wintermonate in Ruhe zu einem gut ausgebildeten Bademeister entwickelt.

Der Zuckertäuscher

Der Zuckertäuscher ist ein echter Kosmopolit. Man findet ihn also überall, wo Kaffee getrunken wird. Sobald der arglose Kaffeetrinker einmal unaufmerksam ist, bemächtigt sich der Zuckertäuscher des in Tütchen oder Würfeln gereichten Süßstoffes und tauscht ihn meist unbemerkt gegen ein ähnliches Päckchen, das etwa 10-15, dem Zuckerkristall ähnelnde Eier enthält. Außer leichtem Bauchgrimmen hat das für den Kaffetrinker keine Folgen. Die Geburt erfolgt nach 72 Stunden auf natürlichen Wege. Allerdings wird nach Kaffegenuß von Fernreisen abgeraten, da man sonst in die unangenehme Lage kommen könnte, für ein Dutzend Schmarotzer die Passagen bezahlen zu müssen. Falls Sie jemals einen älteren Herrn dabei ertappen sollten, wie er sich ihres Zuckers bemächtigt, nehmen Sie nichts an und achten Sie darauf, ob er sein Bedauern mit ungarischem Akzent zum Ausdruck bringt. Suchen Sie dann auf jedem Fall sofort die Toilette auf und übergeben Sie sich.

Der Mundschenk

Zu den bösartigsten Hervorbringungen der Natur zählte in alter Zeit der Mundschenk, eine Rottanne. Erste Zeugnisse stammen aus der Zeit der Völkerwanderung, um 1630 dann weiß der Franziskaner Wolfram von Wackersdorff folgendes zu berichten:

Dem ander Tag kamen an diesen Ordt zwey Knechte. Da sie des Marktes in der Ferne gewahr worden/vernahmen sie vom Raine her eine teutsche Stimm/welch ihnen den Willkomm bot. Sie erstaunten wol ob der Gestalt/welch eine Tann zu seyn schien. Es benam den zweyn gar den odem unt alles Haar stund ihnen zu Berg/da das seltsam Gewachs den Kelch darreichte unt mit teutscher Stimm gebot/diesen zu leeren. Kaum daz der eyne das Gefäsz an die Lippen gesetzt so er auch schon todt zu Boden fiel unt alle viere von sich gestreckt. Vom Ableiben seines Gesell erschrökkt/rennet der ander/im nahen Markt Hülfe zu holen. Der Schergiant schickte sogleich eyne Partey/doch wuszten die von nichts versterltchem zu sagen. Der Knecht wart dann kurzer Hunt an jenem Baume als eyn ungiltig Leit abgetan.

Aus ähnlichen Darstellungen darf man schließen, daß der Mundschenk tatsächlich ohne jeden Eigennutz, also aus purer Bösartigkeit, harmlosen Wanderern den Garaus zu machen pflegte. Daß der Mundschenk inzwischen als ausgestorben gilt, verdankt er wohl weniger dem Waldsterben, als der heutzutage üblichen Ignoranz gegenüber jeglichem selbstlosen Engagement.

Austrag

I

Daß er es mal gewußt hat, weiß er noch. Aber wenn ein Tag wie der andere ist. Also hat er es vergessen. Er hätte nämlich heute Geburtstag. Der Pfarrer würde es wissen, aber in die Kirche geht der Alfons schon lange nicht mehr. Lieber ins Wirtshaus.

Der Alfons kann nicht schlafen, er hat es mit der Blase. Er steht auf, um aufs Häusl zu gehen. Das Häusl ist draußen auf dem Hof und draußen ist es dunkel und saukalt. Drinnen ist es auch dunkel und saukalt, aber Nachttöpfe hat der Alfons noch nie gemocht. Also zieht er sich warme Unterhosen an und schlüpft in die Hausschuhe. Auf dem Hof sieht er im Dunkeln die Katze vorbeihuschen. Der Mond kommt raus, die Katze bleibt im Schatten vom Klohäusl stehen und faucht buckelnd den Mond an. Blödes Vieh, denkt der Alfons und geht aufs Häusl. Während er so auf dem Abort sitzt, faucht die Katze immer noch, das blöde Vieh. Plötzlich macht jemand den Mond aus. Nur ganz kurz, dann ist es wieder hell. Und dann nochmal: Mond aus, Mond an. Der Alfons hat schon zwei Kriege mitgemacht, daran kann er sich noch erinnern, aber er hat vergessen, ob er früher mal neugierig war. Also läßt er sich Zeit. Als er fertig ist, kann sich der Mond immer noch nicht entscheiden. Der Alfons schaut hoch in den Nachthimmel. Da stehen zwei Monde voll und friedlich nebeneinander. Was soll's, denkt der Alfons, zwei sind besser als keiner, und gerade als er das so denkt, macht jemand wieder das Licht aus. Und gleich wieder an. Und wieder aus. Und obwohl dem Alfons schon die Tränen kommen, merkt er, daß die beiden Monde jedesmal ein bißchen größer werden. Immer größer und immer schneller blinkt dieser Doppelmond. Da wird es plötzlich wieder so dunkel wie zuvor, aber das merkt der Alfons schon nicht mehr. Dem tanzen tausend Lichter vor den Augen. Irgendwo aus einer Ecke des Hofes hört er die Katze fauchen. Der Alfons stützt sich am Häusl, weil ihm so schwindlig ist. Er schaut hoch in den Himmel und wischt sich die Tränen aus den Augen. Am Nachthimmel steht einsam und allein der gute alte blasse Mond. Hab ich heute was schlechtes gegessen, überlegt der Alfons, nein, ich hab doch bloß eine Brotsuppe gehabt. Hab ich vielleicht schlecht geträumt, aber nein, er hat ja aufs Häusl gehen müssen. Und saukalt ist es hier draußen. Die Katze gibt auch keine Ruhe, blödes Vieh. Gerade will er zurück ins Bett, da sieht er drüben, zwischen Haus und Stadl, hinten am Feld vom Knödel ein Licht. Zuerst nur schwach und weiß glimmend, verschwimmt es vor seinen Augen, wie ein weit entfernter Stern, leuchtet dann hell und gelblich auf und tanzt über das Feld, wie eine Laterne, flackert, fließt auseinander, teilt sich und teilt sich nochmal, wird gelb und rot und alles mögliche. Der Alfons sieht's und denkt, da brennt's. Er rennt hinüber zum Feld, so gut es halt geht für einen, der schon zwei Kriege mitgemacht hat, verliert seine Hausschuhe, stolpert und flucht und stolpert zwischen Haus und Stadl hindurch und steht auf einmal am Feldrand und sieht kein Feuer nirgendwo und riecht nichts und hört nichts. Aber kalte Füße hat er und das Nachthemd klebt schweißnaß. Zum richtig Ärgern ist er eigentlich viel zu müde jetzt, es reicht gerade noch für einen Furz. Da steht er mitten in der Nacht am Feld vom Knödel, weil er denkt, daß es brennt, dabei brennt gar nix und alles nur deswegen, weil er es an der Blase hat. Kruzefix! Aber wie er so dasteht und sich ärgert, wird ihm auf einmal so warm und versöhnlich ums Herz. Das kommt von der Anstrengung, denkt der Alfons, und weil er schon mal eine Lungenentzündung gehabt hat, sollte er doch besser wieder ins Bett gehen. Wenn dem Knödel sein Feld unbedingt brennen will, oder auch nicht, dann geht mich das jetzt nichts mehr an. Zurück ins Bett, denkt der Alfons und geht geradewegs ins Korn hinein.

II

Ja sowas, denkt sich der Alfons, was mach ich denn jetzt? Aber wie er so weiter darüber nachdenkt, findet er eigentlich nichts mehr dabei, daß er jetzt mitten im Knödel sein Feld steht. Deswegen ist er ja aufgestanden, oder etwa nicht? Er spielt ein bißchen mit den Ähren, die schon volles Korn tragen, läßt sie durch die Finger gleiten und die Körner springen ihm in die Hand. Er riecht das Getreide und da wird ihm so heiter, richtig beschwingt fühlt sich der Alfons. Der Wind streicht über das Feld und spielt dem Alfons eine Melodie. Die *Rosemarie*, denkt er und erinnert sich. Die hat er schon lange nicht mehr gehört, und er verbeugt sich dankbar gegen den Wind. Die *Rosemarie* hat ihm schon immer so gut gefallen. Er summt ein bißchen mit und wiegt sich zusammen mit dem Korn im Takt der Melodie. Der Alfons war auch immer sehr begehrt beim Tanz, früher, als er noch jung war und schön anzusehen. Da spürt er eine weiche, warme Hand, die nach seiner greift und der Alfons schließt die Augen, umfängt mit beiden Händen eine schlanke Taille und läßt sich leichtfüßig von der Musik davontragen und die Musik geht immer schneller und der Alfons dreht sich immer schneller im Kreis und er spürt die bewundernden Blicke der jungen Mädchen, da steigen vor seinen Augen Lichter aus dem Boden, rote, gelbe und weiße Lichter drehen sich mit ihm und drehen sich immer schneller und auch der Alfons dreht sich immer noch schneller und das Licht wird so hell und die Musik ein Rauschen und Lärmen, daß der Alfons wie betäubt torkelt und strauchelt. Weit hinten in der ihn umgebenden Grelligkeit sieht er einen dunklen Punkt, der größer wird und auf ihn zurast mit einem Brummen und durch ihn hindurch und auf einmal ist alles ganz dunkel und weit hinten in der Dunkelheit sieht er einen weißen Punkt, der größer wird und auf ihn zukommt und Gestalt annimmt und die Gestalt wird zur Traudl und die ist schön wie immer und lacht ihn frech an und nimmt ihn gleich bei der Hand und zieht ihn mit sich fort, rückwärts vor ihm herspringend, von einer Seite zur anderen wechselnd und sie redet die ganze Zeit, aber der Alfons versteht kein Wort, weil es immer noch so laut rauscht, darum tippt er sich ans Ohr und schreit, daß er nichts versteht, da drückt sie ihm im Gehen einen Kuß auf die Backe, lacht frech, läuft voraus, bleibt stehen, winkt ihm und da läuft nun auch der Alfons und läuft hinter ihr her und sieht in der Ferne einen hellen Fleck und der Fleck wird größer und die Traudl läuft hinein und verschwindet in der Helligkeit. Der Alfons aber möchte nicht, daß sie ihn schon wieder verläßt, wo er sie doch schon so lang nicht mehr gesehen hat, also rennt er schneller auf das Licht zu und hinein und das blendet ihn so dermaßen und der Lärm ist so groß, daß er stehenbleibt und Augen und Ohren verschließt. Wie er so im Nirgendwo steht, merkt er, wie das Rauschen langsam leiser wird, und er blinzelt nun auch vorsichtig ins Licht und aus dem Licht lösen sich nach und nach die Farben und werden zu Gestalten und plötzlich haut ihm jemand kräftig auf die Schulter.

Der Alfons schaut neben sich und blickt in ein lachendes Männergesicht und hinter diesem sieht er ein langes Spalier aus fröhlichen und festlich gekleideten Menschen, die ihm winken und zurufen. Durch die Reihen kommt nun die Traudl auf ihn zu, da muß auch der Alfons lachen und die Traudl freut sich und nimmt ihn wieder bei der Hand und zieht ihn mit sich fort und wie der Alfons sich umschaut, sieht er die Reihen sich auflösen und ihnen folgen. Da öffnet sich das Spalier und umschließt einen weiten Platz. Darauf stehen einige hohe Kastanien und dazwischen ein Tanzboden. Eine Kapelle spielt, ringsum sitzen die Leute an fein gedeckten Tischen, stämmige Bedienungen bringen die Maßkrüge herbei und tragen das Essen auf. Der Lärm aber wird zu tausend fröhlichen Stimmen und zum Klang von Glas und zu einer lustigen Musik. Der Kapellmeister gibt das Zeichen und dann spielen sie die *Rosemarie*. Die Traudl lacht und gratuliert ihm zum Geburtstag und der Alfons wird doch tatsächlich rot, aber endlich hört der Alfons ihre schöne Stimme und sie fragt ihn, ob er denn nicht tanzen will. Natürlich will er und so steigen sie hinauf auf den Tanzboden. Der Alfons zieht die Traudel eng an sich und spürt ihren Körper und schaut in ihre schönen Augen, die ihn anblitzen und sieht ihre Backen glühen und dann tanzen sie zur *Rosemarie* und es macht einen Heidenspaß. Nach und nach folgen andere Paare und so tanzen sie stundenlang, aber die Stunden sind wie Minuten und da kriegt der Alfons einen Riesendurst und die Traudl auch. Man setzt sich an irgendeinen Tisch dazu und schließt gleich Freundschaft und unterhält sich prächtig und schon steht eine Maß auf dem Tisch und ein würzig duftender Schweinsbraten und es ist eine helle Freude.

Die meisten Leute sind schon gegangen, da sitzen sie immer noch da, erschöpft und glücklich, der Alfons raucht eine Zigarre und die Kapelle spielt eine langsame Musik, aber es tanzt keiner mehr. Es dämmert schon und in den Bäumen die Vögel begrüßen den neuen Tag. Die Traudl legt ihren Kopf an Alfons' Schulter und er streicht ihr zärtlich übers Haar, aber weil er wirklich müde ist, meint der Alfons, man sollte doch vielleicht besser ins Bett gehen jetzt. Die Traudl nickt stumm und schläfrig und sie stehen auf und verabschieden sich von den übriggebliebenen Gästen. Durch hohe Hecken, in denen sich noch allerlei Nachtgetier tummelt, führt ein schmaler Weg. Der Alfons umfaßt die Traudl, sie lehnt sich an ihn und am Ende des Weges bleiben sie vor einer Tür zwischen den Hecken stehen. Die Traudl lächelt sanft, umarmt ihn und dann küßt sie ihn, lange und zärtlich, wie schon seit Ewigkeiten nicht mehr. Ob er denn morgen abend wiederkäme? Aber dann zieh dir was fescheres an, sagt sie und lacht schon wieder ganz frech. Er schaut an sich hinab und sieht das weite Nachthemd, die wollenen Unterhosen und die nackten Füße und muß auch lachen. Nochmal küßt sie ihn und geht dann den Weg zurück und der Alfons wünscht sich, daß sie doch mit ihm käme, aber da ist sie auch schon verschwunden. Trotzdem fühlt sich der Alfons so glücklich wie schon lange nicht mehr. Tief schnauft er die kalte Morgenluft ein und schaut hoch in den Himmel, wo schon die ersten Wolken ziehen. Dann öffnet er die Tür und geht ins Schlafzimmer, zieht die langen Unterhosen aus und kaum liegt er im Bett, schläft er auch schon ein.

III

Weil der Alfons schon lange nicht mehr arbeiten muß, braucht er auch keinen Wecker. Der Alfons schläft solange, bis er aufwacht. Meistens schläft er aber nicht sehr lang, denn er hat es ja mit der Blase. Darum wundert sich der Alfons auch sehr, als er heute aufwacht. Erstmal, weil der Wecker klingelt, nein, mehr rasselt als klingelt. Der Alfons kann sich nicht erinnern, daß er gestern noch den Wecker gestellt hätte. Außerdem will er noch gar nicht aufwachen. Er kneift die Augen fester zu, damit es dunkel bleibt, und mit der rechten Hand tastet er nach dem Wecker. Er findet ihn auf dem Nachttisch und haut fest oben drauf. Es rasselt immer noch. Neben dem Rasseln hört er den Wecker ticken. Das paßt nicht zusammen. Also, der Wecker ist es nicht. Das wäre auch ein komischer Wecker, der so rasselt, der mal leise rasselt und dann wieder lauter wird und dann wieder leise. Langsam gewöhnt sich der Alfons an den Gedanken, doch aufzuwachen. Weil es ja nichts mehr nützt, macht er die Augen auf. Draußen ist es hell. Sonst, wenn er aufwacht, ist es noch beinah dunkel. Der Alfons steht also auf, um aufs Häusl zu gehen. Warum geh ich denn jetzt aufs Häusl, denkt sich der Alfons, ich muß ja gar nicht. Seltsam, ich muß ja gar nicht. Draußen ist es hell und ich muß gar nicht aufs Häusl. Der Alfons macht nochmal die Augen zu und ordnet seine Gedanken, was gar nicht so einfach ist, weil es draußen gerade wieder sehr laut rasselt. Da fällt ihm die Traudl ein. Und das Feld vom Knödel. Und das schöne Geburtstagsfest. Und der zweite Mond. Und daß sie getanzt haben bis in die Früh. Und daß die Traudl ihn geküßt hat. Und daß er ihr versprochen hat, wiederzukommen und sich fesch anzuziehen. Und daß er ziemlich viel getrunken hat und jetzt trotzdem nicht aufs Klo muß. Bei dem Gedanken, wie er da so vor der Traudl gestanden hat, in wollenen Unterhosen und im Nachthemd, muß der Alfons lachen und ist schon wieder beschwingt und glücklich. Kichernd tanzt er im Zimmer herum und sucht nach den Hausschuhen, erinnert sich, daß er sie ja gestern auf dem Hof verloren hat, pfeift drauf, macht den Schrank auf und holt ein Hemd, frische Unterwäsche und die alte Lederhose heraus. Die Hose hat er schon lange nicht mehr getragen, aber so mager, wie er jetzt ist, müßte sie ihm wieder passen. Er klopft sie aus und legt sie über den Stuhl. Dann geht er in die Küche, um sich zu waschen und zu rasieren. Und richtig Appetit hat er heute, wie sonst nie. Sonst kann der Alfons tagelang mit ein bißchen Brot auskommen.

Draußen rasselt es immer noch, aber der Alfons ist nicht neugierig, wer ihm da einen Streich spielt. Er zieht sich an und setzt sich dann in die Küche, ißt ein wenig Brot mit Butter, zwei kleine Tomaten aus

seinem Garten und einen Milchkaffee dazu. So gut hat er schon lange nicht mehr gefrühstückt. Und weil es ihm heute so gut geht, stellt er der Katze, dem blöden Vieh, eine Schüssel Milch an den Herd. Dann geht er nochmal ins Schlafzimmer und holt die Hutschachtel vom Schrank, zieht die Wadlstrümpf an und putzt die Schuhe. So, jetzt wird die Traudl Augen machen, so fesch ist er jetzt. Der Alfons geht in die Stube, weil ihm eingefallen ist, daß da noch irgendwo die Zwiebel von seinem Paten liegen müßte. Er war schon lang nicht mehr in der Stube und wie er die Tür aufmacht, merkt er, wie modrig es da heraus-riecht. Darum macht er erstmal die Vorhänge und die Fenster auf. Die Vorhänge sind ganz staubig und die Fenster sind blind und mit Spinn-weben verklebt. Es knistert, als er sie endlich aufbekommt. Draußen rasselt es noch immer. Soll es doch rasseln. Er öffnet die Schublade der Anrichte und findet gleich die Uhr. Aufziehen, sie geht noch. Jetzt muß er sie noch stellen. Der Alfons geht zurück ins Schlafzimmer und schaut auf den Wecker. Drei Uhr am Nachmittag. So lang hat er schon lange nicht mehr geschlafen. Daß ihm so etwas nochmal passiert, hät-te er nicht gedacht. Er kichert und tanzt schon wieder durchs Zimmer und hinaus und warum nicht gleich zur Haustür hinaus.

Auf dem Hof ist das Rasseln schon viel lauter. Es rasselt aber kein Wecker, das Geräusch kommt von oben. Der Alfons schaut hoch in den Himmel und sieht etwas dort oben kreisen. Ein Hubschrauber. Ach so. Sowas hat er früher auch schon mal gesehen, aber heute nicht daran gedacht. Was der wohl hier will? Da liegen ja seine Hausschuhe, er läßt sie liegen. Der Hubschrauber zieht seine Kreise, Alfons folgt ihm mit den Augen, plötzlich aber steigt der Hubschrauber höher hin-auf und fliegt in gerader Linie davon, über den Wald hinweg, taucht hinter den Hügeln ab und so verschwindet er mitsamt seinem häßli-chen Geräusch in Richtung München. Der Alfons schaut ihm nach und wie er so schaut, sieht er hinten, zwischen Haus und Stadl hin-durch, am Rand vom Knödelfeld einige Leute aufgeregt hin und her-laufen. Er schaut genauer und bemerkt auch auf dem Feld selber eini-ge Leute. Manche tauchen von Zeit zu Zeit mit den Köpfen hinab ins Korn, um dann an anderer Stelle wieder zu erscheinen, manche stehen einfach nur herum und andere deuten in alle möglichen Richtungen und geben anderen Leuten Anweisungen. Was für ein komisches Spiel, denkt der Alfons und kichert still in sich hinein. Und weil es ihm heute so gut geht, will er sich das mal aus der Nähe anschauen. Nicht, daß er neugierig wäre, aber komisch schaut es halt doch aus. Er blickt an sich hinab und findet schon, daß er etwas hermacht. Sehr stattlich. Wie früher. Also geht er hinüber zum Feldrand und folgt dann dem

Weg zum Knödelhof. Da sieht er ihn auch schon stehen, den alten Bepp, wie er wild mit den Armen fuchtelt und sich, scheint's, ziemlich ärgert. Der läßt die Leute gar nicht zu Wort kommen, denkt der Alfons, das war bei dem immer so. Deswegen hat er ihn auch nie leiden können, nur seine Frau, die war ganz nett, aber die hat er auch geschafft. Der Alfons bleibt ein paar Schritte hinter den Bepp stehen und schaut eine Weile zu. Der Alte ist wirklich sehr grantig und flucht laut. Ganz rot im Gesicht, das sieht man schon von hinten. Gleich zerreißt's dich, denkt der Alfons. Der Bürgermeister, der neue, ist auch dabei. Der ist dir über, denkt der Alfons, wie er den Bürgermeister so verloren dastehen sieht, der nicht zu Wort kommt und verärgert nach Luft schnappt. Sehr komisch, denkt der Alfons, und kichert leise. So wie es aussieht, wollen die den Bepp nicht auf sein Feld lassen. Seltsam. Der Alfons tippt dem Bepp von hinten auf die Schulter, weil er jetzt doch wissen will, was hier los ist. Der Bepp dreht sich um, wie angestochen, und schaut dem Alfons ins Gesicht, und wirklich, er ist schon krebsrot, und schaut am Alfons runter und wieder hoch und steht jetzt da wie ein Ochs, mit offenem Maul und sagt kein Wort mehr. Was los ist, will ich wissen, sagt der Alfons. Der Bepp schluckt nur und schüttelt seinen riesigen, glühenden Schädel. Während der Bepp den Alfons anstarrt, als wäre der eine Erscheinung und der Alfons ganz erscheinungsmäßig zurückstarrt, nützt der Bürgermeister die Gelegenheit, packt den Bepp bei der Schulter und teufelt auf ihn ein, daß es jetzt genug wäre, und er soll es halt hinnehmen wie es ist, es sei eine Entscheidung der Gemeinde und der Bepp würde ja auch eine Entschädigung bekommen und vielleicht auch einen Imbiß zur Pacht und wenn ihm das nicht paßt, dann soll er sehen, wo er bleibt. Der Bepp starrt weiter mit offenem Maul, erst auf den Bürgermeister, dann wieder auf den Alfons, dann aufs Feld und schließlich reißt er sich los und marschiert nach Hause.
Der Alfons hat kein Wort verstanden, deshalb fragt er nochmal in die Runde, was denn hier los sei. Aber jetzt starren ihn auch der Bürgermeister und die Gemeinderäte so saublöd an, da geht er lieber selbst nachsehen. Er ist so ungefähr bis zur Mitte des Feldes gekommen, da kriechen auch schon welche an ihm vorbei. Da, wo sie kriechen, ist das Korn ganz flach auf den Boden gedrückt. Die Fläche, wo das Getreide umgeknickt ist, hat etwa 150 Meter Durchmesser und scheint einen Kreis zu beschreiben. Die Halme liegen alle in einer Richtung, wie auf den Boden frisiert, übereinander. Genau neben ihm kriecht nun jemand vorbei, ein ältere, ziemlich dicke Dame. Sie schnauft sehr angestrengt. Die Nase fast am Boden, einen Notizblock in der einen, einen Bleistift in der anderen Hand. Und das Wasser läuft ihr über das

Gesicht. Der Alfons beugt sich zu ihr hinab und fragt, ob er ihr vielleicht helfen könne. Haben Sie was verloren, fragt er. Die dicke Dame schaut ihn verwundert an. Oh nein, danke, ich habe etwas gefunden, sagt sie. Darüber muß sich nun wiederum der Alfons sehr wundern. Das ist aber schön für Sie, sagt er, und schon kriecht die Dame weiter. Dann entdeckt er einen jungen Mann, der ausnahmsweise nicht kriecht, sondern relativ vernünftig in der Gegend herumsteht, wenn man mal darüber hinwegsieht, daß er mitten in einem verwüsteten Getreidefeld in einen kleinen elektrischen Apparat hineinspricht. Der Alfons geht auf ihn zu und fragt ihn, was hier los sei. Der junge Mann schaltet sein Gerät aus und antwortet, daß es sich hier um einen erstaunlich regelmäßigen Kreis handle, linksdrehend und spiralförmig zum Energiezentrum hin gefaltet. Ah schön, linksdrehend gefaltet, denkt sich der Alfons. Das ist nicht die Antwort, die er erwartet hat, aber er nickt eifrig, obwohl er jetzt keineswegs schlauer ist als vorher. Und was denn daran so interessant sei, fragt er zögerlich, man will ja nicht als Depp dastehen. Jetzt schaut ihn der Junge verstört an, fängt sich aber gleich wieder, und sagt langsam und eindringlich, so als wäre der Alfons tatsächlich ein Depp: „Die Botschaft. Eine Botschaft von dort oben", und deutet in den Himmel. Ah so, eine Botschaft, sagt der Alfons, genauso langsam und eindringlich, denn jetzt ist ihm klar, wer hier ein ausgemachter Depp ist. So ein Schmarrn, sagt er, das kommt doch von dem Fest gestern. Was für ein Fest, will nun der Junge wissen. Na ein Fest halt, antwortet der Alfons, Geburtstag hab ich gehabt gestern. Aber ich hab's vergessen. Und dann hat mich die Traudl geholt und mit mir getanzt. Hier, da sind die Kastanien gestanden und hier der Tanzboden und die Kapelle und die Biertische und so weiter, ist doch alles ganz einfach. Mich wundert das gar nicht, daß es hier so aussieht, sagt der Alfons, so wie wir hier gestern gefeiert haben.
Der Junge hat jetzt denselben Gesichtsausdruck wie der Bepp vorhin, tippt sich an die Stirn und geht kopfschüttelnd zu einer ebenfalls nicht kriechenden Gruppe aufgeregt debattierender Vollbärte. So ein Schmarrn, denkt sich der Alfons, Botschaft vom Himmel, linksförmig gefalteter Kreis, so ein Schmarrn. Er blinzelt in die Sonne und lacht. Eigentlich wäre jetzt die richtige Zeit, um in die Wirtschaft zu gehen, denkt sich der Alfons, also macht er sich auf den Weg, zupft unterwegs noch ein paar Ähren ab und summt laut die *Rosemarie* vor sich hin. Belustigt schüttelt er den Kopf. Ich weiß es besser, denkt er. Wenn ich das heute Nacht der Traudl erzähle, das wird ein Spaß.

Unbekannte Dichter

Henriette Laubenholz, * um 1850 in Füssen, † 1864 in Memmingen. 13. oder 14. Kind ihrer Eltern. Da die Familie Laubenholz einen aufgeklärten Haushalt führte, kam die aufgeweckte Henriette in den Genuß höherer Bildung. Ein gutes Dutzend herzzerreißender Kassiber aus ihrer Hand wird noch heute in der Klosterschule gern gelesen. Die Mutter Oberin kann sich gut an Henriette erinnern und weiß nichts schlechtes über sie zu sagen. Daß es dann doch ein schlimmes Ende mit ihr nahm, weiß in Füssen aber jedes Kind.

Herwig Meierkowski, * 1882 in Graz, † 1950 ebd.
Nach dem Studium der Architektur in Wien und einigen unerfreulichen Wochen als Architekt, verlegt sich Meierkowski auf die Malerei. Furchtbares Augenleiden. Enhuber protegiert den angehenden Bildhauer. Erste Ausstellung, Beschlagnahme und Karzer. Meierkowski beginnt zu schreiben. Ein Brandanschlag auf die Druckerei zerstört alle seine Träume von Glanz und Ruhm. Meldet sich freiwillig zu den Waffen. Als untauglich ausgemustert. Anstellung am Wiener Zentralfriedhof. 1936 läßt er Karl Kraus fallen. Schlimmer Knöchelbruch. Illusionsloser Lebensabend in den Kaffeehäusern von Graz.

Radomir Morgentau (Bruder Gregor), * 1899 auf der MS Lobkowitz vor New York, † 1979 in München.
Der aus jüdischem Elternhaus stammende Enkel einfacher Leute fand früh Gefallen am Katholizismus. Kaum volljährig konvertierte er, brach das Jus-Studium ab und widmete sich der Theologie. Eintritt in den Augustinerorden. Priesterweihe in Rom (Der Heilige Vater machte einen Witz. Heute noch zu besichtigen!). Zwei Bände botanischer Gedichte, die zwar erbärmlich schlecht sind, aber wohl auch Ausdruck göttlichen Willens.

Kasimir Müller (alias Gensfleisch), *1870 in Heidelberg, † 1919 in Berlin.
Sein Pseudonym wählte Müller mit Bedacht; alle seine Vorfahren lebten vom Buchdruck, aber noch heute sagt man in Heidelberg: „dumm wie ein Drucker!" Seine Freunde riefen ihn *Blacky*, seine Feinde übrigens auch. Die Druckerschwärze wurde er nicht mehr los. Sein erstes Werk hieß denn auch *Die schwarze Hand*. In Berlin gründete er zusammen mit → Frieda Fröhlich den radikaltypographischen Zirkel *Das Oval*. Erlag dann einer tragischen Verwechslung.

Johann Josef Neuber, * 1895 in Roßbach/Obb., † 1964 in Klagenfurt. Bauernsohn. Machte sich in den dreißiger Jahren einen Namen durch seine launig-volkstümlichen Ratgeber (*Kleinvieh nährt sich mühsam, Das Eichhörnchen macht auch Mist*, u.a.). Sein Freund Erich Kästner bemerkte einmal, Neuber sei „einer, der schon schreiben" könne. Er sei sogar „so schreibwütig, daß man fast den Eindruck hat, ihm werde von höherer Stelle diktiert. Und wer würde je die Schreibkraft für das Geschriebene zur Rechenschaft ziehen wollen?"

Peter Neuhaus, *1923 in Menden.
Soldat, Schwarzmarktschieber, Sträfling, Rangierer, Romancier. Befand Adorno für richtig. Verstummte daraufhin. Lebt als stiller Teilhaber in Bochum.

Almut Oberbauer, * 1914 in Burgau.
Älteste Tochter mehrerer Lehrer. Kurze Liaison mit einem Vetter Brechts. Autorin des Mundartstückes *Vo' Kuche na' Süße* und des Augsburgkritischen Pamphlets *Alles Mutterfugger*. Nach Skandal Emigration in die USA. Leiterin des schwäbischen Theaters in Tallahassee/Florida. Lebt vermutlich in Miami.

Stephan Opitz, * 1849 in Rendsburg, † 1932 in Kiel.
Aus alter und gutbürgerlich protestantischer Familie stammend, widersetzte sich der junge Opitz nicht, als es für ihn an der Zeit war, seinen Teil zum Gelingen des Opitzschen Geheimplanes beizutragen. Der erst siebenjährige wurde nach Cuxhaven verbracht und in die Obhut eines schwedischen Schiffers mit Kapitänspatent gegeben. Gleich seinem berühmten Vorfahren Martin Opitz, dem großen Reformer deutschen Reimwesens, der unter anderem den regelmäßigen Wechsel von Hebung und Senkung forderte, machte sich auch der junge Stephan daran, ein wenig mehr Ordnung in die Welt zu bringen. Er vereinheitlichte die Gezeiten, entwickelte die Zwerchfellatmung und erfand den Pfandflaschenzug. Seinen Lebensabend verbrachte er in Kiel, wollte auch dort die Tiden reformieren, scheiterte aber am Widerstand der Dänen. Opitz verstarb an Atemnot während der Lesung seines bekanntesten Werkes *Die Flut*, zu Beginn der fünften Stunde, nach dem zweiten Konsonanten.

Dr. Robert Poschner, * 1926 in Speyer, † 1966 in Worms.
Internist und Satiriker. Spezialist für Darmerkrankungen. 1957 *Der Meteorismus als Antrieb zur Staatenbildung*. 1961 *Das Lachen war*

ernst gemeint. In den Tagebüchern Gottfried Benns findet sich kein einziges Wort über Poschner.

Lutz Rathenow, * ?
Adenauer-Preisträger. 1990 bei Rathenow aufgegriffen, als er sich gerade an einem Hühnerstall zu schaffen machte. Weil er kein Wort Deutsch sprach, wurde er sogleich nach Polen abgeschoben, wo sie ihn aber aber auch nicht haben wollte. Der Rathenower Gemeindepastor hat ihn gnädig aufgenommen und das nötigste gelehrt. Wurde dann auf Lutz getauft.

Phillip Richartz, * 1900 in Eutin, † ?
Gelernter Maschinenschlosser. Schrieb kongenial im Stile Stifters, ohne diesen zu kennen. 1931 *Hohes Land*. Den Plagiatsvorwurf entkräftete Richartz geschickt, indem er sich in eine staatliche Heilanstalt einweisen ließ.

Herbert Rosendorfer, * 1934 in Bozen.
Herrenfriseur. Rosendorfer war mehr als erstaunt, als man ihn kürzlich damit konfrontierte, daß eine Gruppe deutscher und italienischer Schriftsteller und Journalisten, geleitet von einem pensionierten Richter aus München, über Jahrzehnte hinweg unter seinem Namen ein äußerst umfangreiches Werk publiziert hat. Mit den nun zu erwartenden Tantiemen in Millionenhöhe will er sich erst einmal vergrößern und dann endlich seinen Gedichtband *Haarspaltereien* verlegen lassen.

Unglück am Monte Imola

Sie sehen nun einen Ausschnitt aus dem Ufa-Film *Unglück am Monte Imola* aus dem Jahre 1942.

Bauernstube. Der alte Bauer sitzt am Tisch und starrt trübsinnig vor sich hin.

Bauer	Des is a Wetter! Kreizkruzefix! Da wird no was gschehn, da ligcht a Unglick in da Luft, I gschpiers.

Der Knecht kommt atemlos in die Stube gerannt.

Knecht	Er is dot! Dot issa!
Bauer	Was? Was sagst?
Knecht	Er is gschturm!
Bauer	Na!
Knecht	Wenn I's sag! Grad bringens ehm!
Bauer	Jessas Maria! I hab's gwisst, heit gschicht was! Geh weida! Vazoi! Was is gschehn?
Knecht	So a bleeds Rindviech is ehm in Wagn einiglaffa. Und er is dann mit'm Wagn voi in d'Wand eini.
Bauer	A geh!
Knecht	Ja doch!
Bauer	A wo!
Knecht	Aba wenn I's sag.
Bauer	Gschturm.
Knecht	Gschturm issa. Dot issa.
Bauer	Dot.
Knecht	Dot issa!
Bauer	Dot. Dot.
Beide	Gschturm!

Die Bäuerin stürmt in die Stube.

Bäuerin	Er is dot!
Bauer	Gschturm issa.
Knecht	Dot.

Die Magd stürmt in die Stube.

Magd	Da Senna is gschturm!
Bäuerin	Dot issa.
Bauer	Da Senna.
Knecht	Gschturm.
Bäuerin	Da Senna.
Bauer	Dot issa.
Alle	Gschturm!

Der Bub stürmt in die Stube.

Bub	Gschturm! Gschturm!
Bauer	Bub!
Bub	Dot! Dot!

Der Pfarrer stürmt in die Stube.

Pfarrer	Da Senna?
Alle	Is gschturm!
Bauer	Da...
Bäuerin	...Senna!
Knecht	Is...
Magd	...dot!
Pfarrer	Er is dot! Er is dot! Er is dot!
Alle	Der Senna is gschturm! Er is dot! Da Senna!

Sie raufen sich die Haare, heulen Rotz und Wasser, schlagen mit dem Kopf gegen die Wand u.ä.

An dieser Stelle stand Goebbels auf und verließ den Raum, da er sich, so sagte er, noch nie so entsetzlich gelangweilt habe. Nicht nur der Regisseur, sondern auch sämtliche Darsteller wurden umgehend an die Front geschickt, Frauen und Kinder zuerst.
Der Film wurde dann endlich doch am 1. Mai 1954 im Münchner Bahnhofskino gezeigt, aber im Saal schlief nur ein einsamer Tourist aus Brasilien.

Für den jungen Robert Musil
(stellvertretend an seine Mutter gedichtet)

Musil
Mumps
Mühsal!
Klagen!
Mutter?
(furt)

Musil
Müsli
Magen!
Klagen!
Mutter?
(furt)

Musil
müssen!
machen!
Mutter!
Mistfink!

Unheimlich ruhig

War eh schon ein beschissener Tag gewesen. Ich hab für diesen Typen da geweißelt, weil der keine Zeit hatte. Freundschaftspreis, 10 Mark die Stunde, aber ich war ja auch arbeitslos, also besser als nichts. Aber leider hat der Vater von dem im selben Haus gewohnt, also eigentlich ja umgekehrt, jedenfalls hing mir der Alte ständig im Kreuz und hat rumgekrittelt. Ich war echt fertig. Am nächsten Tag sollte ich nochmal hin.

Ich rad'l also abends im Regen heim, total genervt und kaputt, Auto hatte ich ja keines, von oben bis unten voll mit Farbe und will nur noch duschen und ins Bett. Jetzt haben die aber, das hab ich auch erst später erfahren, an dem Tag bei uns vor'm Haus die Straße aufgerissen. In meinem Tran hab ich das gar nicht mitgekriegt. Meine Schwester hat mir dann später reumütig alles erklärt. Gott, war die fertig. Jedenfalls hat mir meine Schwester dann erzählt, daß die die Straße aufgemacht haben und so'n bißchen rumgebaggert und zwischendurch immer an die Flasche, wie das halt so läuft. Meine Schwester hat da ja einen Blick für, die hängt ja auch den ganzen Tag am Fenster, wenn die Kinder in der Schule sind.

Jedenfalls haben die da so rumgebaggert und Punkt halb fünf schmeißen die ja die Schaufel weg und hauen ab. Die haben nicht mal 'ne Absperrung gemacht, bloß ein paar Bretter drübergeworfen. Ist ja auch ein Kaff, da wohnt fast keiner, das nächste Haus ist schon mal 'n halben Kilometer weg, und nach sechs fahren da eh keine Autos mehr. Aber egal. Wundert mich, daß ich da nicht reingefallen bin. Jedenfalls haben die das Gasrohr irgendwie beschädigt.

Ich stolper also den Garten hoch, ums Haus rum, weil ich hab ja im Keller gewohnt, separater Eingang vom Garten aus, Parterre wohnte ja meine Schwester und eins drüber meine Mutter. Ich schließ auf und mach das Licht an und dann steh ich plötzlich wieder draußen im Regen. Ich hab's echt nicht kapiert. Ich glaube, das hätte immer so weitergehen können. Ich geh runter in den Keller und auf einmal stehe ich wieder im Regen, so 'ne Zeitschleife. Das wäre lustiger gewesen. Ich steh also im Regen und da merk ich, daß ich gar keine Kleider am Leib hab. Ja, du lachst, aber stell dir das mal vor, du willst ins Bett und plötzlich stehst du nackt im Regen. Das krieg erstmal auf die Reihe. Also richtig nackt war ich ja auch nicht. Der Gürtel hat die Fetzen von der Hose noch so ein bißchen zusammengehalten, aber vom Hemd war überhaupt nichts mehr übrig. Da hab ich das dann langsam kapiert, daß da was passiert sein muß. Parterre waren natürlich die Fenster weg, die Kellertür lag oben beim Komposthaufen, aber wenigstens hat nichts gebrannt.

Die haben das so gemacht, daß das ganze Gas bei mir in den Keller rein ist, und als ich dann oben an der Treppe das Licht angemacht hab, hat's geknallt. Naja, jedenfalls war ich dann schon einigermaßen klar und hab mir das so zusammengereimt, daß da was passiert sein muß. Aber ich war wirklich völlig ruhig. So Erdgas ist echt ein gutes Sedativ, das bringt dich runter.

Irgendwie bin ich dann zu meiner Mutter hochgedackelt, daß meine Schwester nicht da gewesen ist, hab ich überrissen, und die Mama hing schon am Telefon. Aber die hat das überhaupt nicht mitgekriegt! Die hat da mit ihrer Freundin telefoniert und die sind ja beide schwerhörig, also schreien sie sich die ganze Zeit an. Ich sag, Mama, laß mich mal telefonieren, ich brauch glaube ich einen Arzt. Die Mama hat aber nicht vom Telefon wegwollen und ich war so unglaublich ruhig, daß es mir auch schon egal war.

Also bin ich wieder runter und raus auf die Straße, und ich hatte immer noch keine Schmerzen, die kamen erst später, und denk mir, jetzt ist auch schon alles wurscht, jetzt gehst zum Krankenhaus zu Fuß, sind ja bloß zwei Kilometer den Berg hoch.

So nach fünf Minuten kommt ein Auto und ich halt schon den Daumen raus, da seh ich, daß es das Auto von meiner Schwester ist. Da läuft einer mitten auf der Straße, da wird sie ja wohl anhalten. Ich muß wirklich unheimlich ruhig gewesen sein. Es hat ja geregnet und dunkel war's auch und wenn die mich nicht gesehen hätte, wäre ich jetzt tot. Aber sie hat gehalten und kurbelt das Fenster runter, hinten sitzen die Kinder und sehen mich, halbnackt und mit Blut und Farbe beschmiert, und fangen sofort an zu schreien. Meine Schwester schaut mich ganz erschreckt an und steigt aufs Gas. Okay, denk ich mir, ist jetzt auch schon wurscht, bist eh gleich da.

Am Krankenhaus ist alles dunkel, kein Schwein zu sehen. Ich Depp klopf so ein bißchen gegen die Glastür. Rührt sich natürlich nix. Da war's dann doch vorbei mit der Ruhe.

Also fang ich an, gegen diese blöde Tür zu treten und brüll halt rum. Dauert fünf Minuten oder so, da kommt die Nachtschwester und scheißt mich zusammen, ich soll mein Maul halten, hier würden kranke Leute gerne schlafen, auf die Tour. Und knallt mir die Klappe vor der Nase zu. Ich schrei aber weiter rum und tret gegen die Tür, das hat ihr wohl nicht gepasst, da hat sie sich Verstärkung geholt. Der Mann war aber ganz vernünftig und hat sofort gesehen, daß ich Verbrennungen dritten Grades hatte. Aber so was können sie hier gar nicht richtig behandeln, hat er gesagt. Nach einer halben Stunde war ich dann im Hubschrauber unterwegs nach München. Das war so ein Tag.

Einundzwanzig

Ein Herr, sonst ein gewissenhafter Schläfer, geriet eines Nachts, ohne sein Zutun, auf seltsamen Wegen in den Traum einer Dampflokomotive der Strecke Berlin – Potsdam. Er fühlte sich fremd und auch peinlich berührt, die ungewohnte Perspektive ließ ihn ein wenig schwindeln, das monotone Stampfen und Schnaufen in seinen stählernen Eingeweiden drohte, ihn aus dem Schlaf zu reißen.
Bald aber spürte er eine ungeheure Kraft von seinen Gliedern Besitz ergreifen, die Brust wollte schier bersten und was einmal sein Kopf gewesen war, spie nun schwarzen Rauch. In den Gelenken kochte das Öl und sein Verlangen wurde immer mächtiger. Er berauschte sich an der Geschwindigkeit und zärtlich flüsterte ihm der Wind Anzüglichkeiten in die Ventile.
Endlich erblickte er sie in der Ferne. Aus Form und Farbe der Rauchwolke schloß er, daß ihre Lust nicht geringer sei als die seine. Er beschleunigte, öffnete die Sicherheitsventile, schrilles Pfeifen war die Antwort der Geliebten, Funkenflug, jetzt, glühender Stahl schob sich ineinander, um sogleich zu verschmelzen, Ströme aus Feuer, der Herr erwachte im selben Augenblick.
Am nächsten Morgen war an Arbeit nicht zu denken. Das Frühstück blieb ungegessen und der Kaffee wurde kalt. Alles schmeckte nach Metall.

Zweiundzwanzig

Ein Herr schreibt einen Roman, der ihm schließlich gut gelungen scheint, doch es fehlt der erste Satz. Wieviele Bücher wurden nicht schon geschrieben und jedes beginnt mit einem ersten Satz. Der Herr besitzt alle diese Bücher, er hat sie sogar gelesen, doch was hilft ihm das nun? Er benötigt einen ersten Satz, aber es ist keiner mehr übrig. In seiner Not denkt der Herr schon an Betrug. Er könnte das Wörterbuch zur Hand nehmen. Wenn sie es ihm so leicht machen, warum sollte er sich nicht bedienen? Also tut er es. Der Herr ist erstaunt. So viele Wörter, und alle zu seiner Verfügung. Ob man ihm auf die Schliche kommen wird?

Dreiundzwanzig

Der Herr, der nicht an den Zufall glaubt, erscheint zur richtigen Zeit am richtigen Ort. Er ist bescheiden, es genügt ihm, wenn etwas nicht geschieht. So nimmt er es hin, daß einige seiner Fragen unbeantwortet bleiben. Vielleicht war die Frage falsch gestellt, vielleicht war es der richtige Ort, aber die falsche Zeit, vielleicht auch umgekehrt, als der Herr die Brieftasche fand. Eine Brieftasche aus schwarzem Kroko-imitat, verschmutzt und zerschlissen. Darin ein verwaschener Zettel mit Beschriftung:

Unterhose   *Bank*
Dinge
essen
Brieftasche

Der Herr wurde nicht schlau daraus, was für ein Orakel. Er war es nicht gewohnt, so behandelt zu werden. Ein Scherz, entschied er, nicht ahnend, daß er die Antwort auf alle seine Fragen in den Händen hielt. Enttäuscht wandte sich das Schicksal von ihm ab.

Vierundzwanzig

Der Herr hatte gerade sein Frühstück beendet und die Morgenzeitung beiseite gelegt, als ihn das Gefühl beschlich, er habe soeben den Boden unter den Füßen verloren. Nochmals nahm er die Zeitung zur Hand und überprüfte auch sein Horoskop, was er sonst nie zu tun pflegte, aber in einem solchen Fall darf man nichts außer Acht lassen. Selbst im Wirtschaftsteil, den der Herr natürlich stets gründlich studierte, war er auf nichts gestoßen, das sein Mißtrauen hätte erregen können. Was tun?
Dies alles war einfach unglaublich, eine Frechheit sondergleichen. Der Herr erwog, die ganze Angelegenheit zu ignorieren. Falls sich die Situation zuspitzen sollte, würde die Regierung mit Sicherheit das Notwendige veranlassen. Im Grunde war ja nicht viel geschehen, also warum sich unnötig aufregen? Der Herr nahm es von der heiteren Seite und schon ein wenig übermütig, begab er sich dann ohne Schuhwerk ins Büro.

Fünfundzwanzig

Der Herr kann wohl ein Bild von einem Gemälde unterscheiden, aber dann schon beginnt es schwierig zu werden. Dafür wird er natürlich nicht bezahlt, soll er doch dumm bleiben, das wäre ja noch schöner. Vielmehr ermahnt man ihn, keinesfalls Interesse zu zeigen. Seine Aufgabe ist es, anwesend zu sein und die Blicke der Museumsbesucher auf sich zu ziehen. Das kann er gut, sehr gut sogar.

Auch Kunstwerke brauchen Erholung, das weiß der Herr, denn tagsüber ist er ja selber eines. Abends aber beeilt er sich nach Hause zu kommen, weicht den Blicken der Menschen aus, will gar nicht mehr gesehen werden. Nachts liegt er dann oft wach oder träumt von seinen Schützlingen. Und natürlich beneiden sie ihn, aber er wird nie begreifen weshalb.

Sechsundzwanzig

Wenn es schon nicht zu ändern ist, daß alles immer schlechter wird, denkt der Herr, dann will ich mich wenigstens anständig ärgern dürfen. Zuhause steht natürlich alles zum besten, also geht er hinaus.

Das Schlechte ist nicht zu übersehen, es lungert vor der Haustür, stellt sich in den Weg, spuckt einem ins Gesicht. Spuck du nur, denkt der Herr und gerät bald außer sich. Das Schlechte zeigt sich wenig beeindruckt, tagtäglich spuckt es tausenden von Herren ins Gesicht, das ist ja schließlich sein gutes Recht, also kommt es auf einen mehr auch nicht an. Der Herr gerät noch einige Male außer sich, bis er beschließt, eine kleine Pause einzulegen.

Abends ist der Vorgarten schon dicht bevölkert, aber das Schlechte schlägt sich wacker, das muß ihm der Herr zugestehen. Seine Außersichs lassen sich tapfer bespucken, der Herr geht befriedigt zu Bett.

Erst am nächsten Morgen, als sich der Herr völlig außer sich in den umliegenden Straßenzügen drängelt, gibt das Schlechte auf und flieht entnervt ins Wochenende.

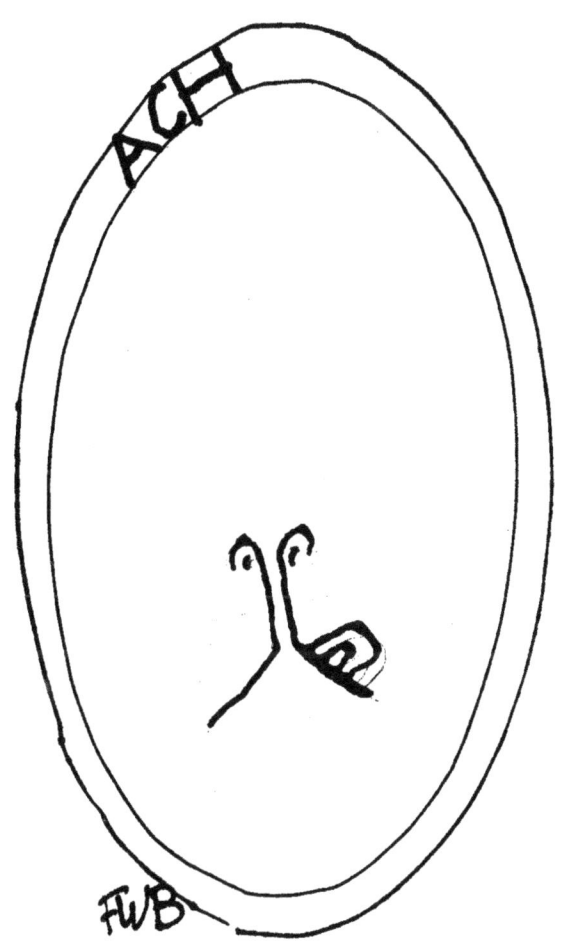

Unbekannte Dichter

Jorgen Schaum, * 1911 in Bredebro/Dänemark, † 1934 in Nürnberg. Im Alter von sieben Jahren Übersiedelung in die Schweiz. Die folgenden 12 Jahre verlebte er in einem Bauernhaus aus dem 17. Jahrhundert, das nach und nach von vagabundierenden Antiquitätenhändlern ausgeschlachtet wurde. Strenge Eltern. Oftmals Hausarrest. Wiederholte Fluchtversuche wurden durch den Verfall des Hauses begünstigt, waren aber erfolglos. Schaum blieb ein verschlossenes Kind. Ekel vor den robusten Schweizern. Ausbildung als Scherenschleifer. Schloß sich der großdeutschen Bewegung an. Einige Ruinengedichte im *Völkischen Beobachter*. Einfluß auf Albert Speer. Wurde in der *Nacht der langen Messer* hingerichtet.

Humbert Schelle, * ?
Schelle gibt nach wie vor viele Rätsel auf. Weder weiß man etwas über seine Lebensdaten, noch genaueres über sein Wirken. Wahrscheinlich ist er eine fiktive Person, einer Weinlaune entsprungen. Dafür spricht, daß es jedem, der ihn zu kennen vorgibt, unmöglich ist, sein Äußeres zu beschreiben. Die besten Zeichner liegen im Streit miteinander; es existieren ausschließlich verwackelte Bilder; Hochstapler führen Urheberrechtsprozesse. Sein Werk ist unübersichtlich, erratisch. Erst jüngst erschien unter seinem Namen *1000 weitere überflüssige Kreuzworträtsel*.

Karl-Maria Scheßl, * 1789 in Partenkirchen, † 1903 in Garmisch. Holzbildhauer und Steinmetz. Verbrachte die letzten 80 Jahre seines Lebens in einer Hütte unterhalb des Waxenstein, in dessen Nordwand er Mundartverse in mannshohen Lettern einer eigens von ihm entworfenen Type, der Scheßlschen Hochversalie, meißelte (wurde 1935 zugunsten eines Skiliftes gesprengt).

Frank Schirrmacher, * ? im *Chat noir* in Frankfurt a.M.
„Lehrjahre sind keine Hurenjahre" heißt es, aber die harte Maloche als Ausbildungsbürger im Frankfurter Rotlichtmilieu, wo sich ein SPD-Ortsverein an den nächsten reiht, hätte dem jungen Schirrmacher fast das Kreuz gebrochen, wären da nicht jene Lieder aus noch schlechte-

ren Zeiten gewesen, an denen man sich, partiell wenigstens, ab und zu wieder aufrichten konnte. Schirrmacher wurde schließlich selbst Busch-Interpret, hat sich aber dann vom Klassenfeind kaufen lassen. Mo-Fr von 10-14 Uhr in der Lobby der FAZ zu besichtigen. Darf gegen geringes Entgelt bespuckt werden.

Robert Schneider, * 1961 in Bregenz.
Adoptierter Bergbauer. Hat ohne Hilfe die Mittagspitze errichtet, sich aber um zwei Meter vertan. Schlaflose Nächte, bis das Unglück entdeckt wurde. Flucht nach Deutschland. Versuchte sich erfolglos im Synonymgroßhandel. Dekan der Fakultät für angewandte Betroffenheitsforschung an der Fachoberschule Bad Oeynhausen. Regelmäßige Beiträge im Fachblatt *Musenalp*.

Jürgen Simon, * 1894 in Herbolzheim, † 1951 in Freiburg.
Seit Simons Kampf und Tod für die Herbolzheimer Sache sind seine Verse, insbesondere nach Niederlagen, Inbegriff des Herbolzheimer Nationalgefühls. Simon verdingte sich gelegentlich als Deutschlehrer, sein erstes Gedicht *Der Biertrinker* wurde aber an Herbolzheimer Stammtischen freudig aufgenommen und reichlich vergütet. 1911 gründete Simon die *Gesellschaft der Elf*, in der er sogleich die Position des *Schrittmachers der Revolution* einnahm, und führte die Herbolzheimer mit dem patriotischen *Auf Bolzmer* in die Schlacht. Als Adjutant des großen Herbolzheimer Schlachtenbummlers Bembl fiel er bei einem Freundschaftsspiel gegen Freiburg. Der meistzitierte und ins Deutsche übertragene Dichter Herbolzheims geriet dann unter Stuttgarts Hegemonie in Vergessenheit.

M. G. F. Sonnenschmied, * 1878 in München, † ?
War ein Schulfreund von Albert Einstein und beeinflußte diesen nachhaltig. Mikrobiologe, Dadaist und Chaosforscher. 1918 griff seine Mutter hart durch und hat ihn beim Ausmisten und Reinemachen wohl versehentlich weggeworfen.

Dr. Walter Sperber, * 1919 in Wipperfürth, † 1940 in Remscheid. Arzt und Preisboxer. Sandkastenfreund von → Trude Herburger. Genannt *Der Tiger von Remscheid*. Verkehrte nach Aussage seines Vorgesetzten Fritz L. häufig im Rotlichtmilieu („Der war farbenblind. Das weiß ich genau"). Nach einem K.o. durch Boris „der Bulle" Stritz verlor Sperber für fünf Tage die Besinnung. Als er schließlich erwachte, schrieb er wie im Rausch und ohne Pause ein vier Zeilen umfassendes Gedicht und starb. *Windmund* wurde zur Hymne einer halben Generation. Alle sind sie dann gefallen. Heute behaupten manche, daß der Titel des Vierzeilers eigentlich *Windhund* lautete und also alles nur ein Irrtum war.

Dr. Edmund Stoiber, *1941 in Unteraudorf/Obb. Der Einserjurist wird noch heute in seinem Heimatort beinah wie ein Heiliger verehrt, weil 1962 ein paar wackere Burschen unter seiner Führung verhindert haben, daß sich die Braunauer in einer Nacht- und Nebelaktion (perfiderweise am hellichten Tag) des in Sankt Emmeram hinter Bleiglas verwahrten Hoden Hitlers bemächtigten. Als Dichter erfolglos. *Nachtasyl* (1992) blieb weitgehend unbeachtet.

Klaus Graf von Strachwitz, * 1921 in Strachwitz/Ostpreußen, † 1978 Tittmoning/Obb. Kam als junger Mensch in Kontakt mit anarcho-homosexuellen Subjekten, was ihn dazu veranlaßte, die Knabenliebe in zeitlosen Versen zu preisen. Verlor im Krieg alles, nur nicht seinen Humor. Wurde darob wahnsinnig und trat in die CSU ein. Strauß hat es geahnt, wollte ihn aber trotzdem zum Landwirtschaftsminister machen. Strauchelte in Altötting und brach sich das Kreuz.

Botho Strauß, * 1944 in Naumburg. Im Luftschutzkeller zur Welt gekommen und in asozialen Verhältnissen aufgewachsen, mußte Strauß als jüngstes von 21 Geschwistern oft, zuletzt noch im Alter von 18 Jahren, in den Schoß seiner Mutter zurückkriechen, weil einfach kein freies Bett zu finden war. Als Dichter unbedeutend, aber 1972 sehr erfolgreich mit dem Varieté *Nie mehr zur Miete wohnen. Wie mach ich das?* Heute Eigenheimbesitzer in Mecklenburg. Versäuft seine Langeweile in der hauseigenen Kellerbar.

Rabatten für Südafrika

Letztens saß ich in einem öffentlichen Verkehrsmittel einer englischsprachigen Frau gegenüber. Daß diese Frau englischsprachig war, sah man ihr natürlich nicht an, aber ich weiß, daß sie englischsprachig war, weil sie in einem fort Englisch sprach. Das nur nebenbei. Ich finde, man müßte dafür sorgen, daß in jedem öffentlichen Verkehrsmittel mindestens eine englischsprechende, nicht nur englischsprachige, Frau sitzt. Dann wäre es in den öffentlichen Verkehrsmitteln nicht so entsetzlich langweilig und niemand würde mehr Auto fahren wollen. Das nur nebenbei. Jedenfalls, diese Frau bemühte sich, ihrer Begleitung, die des Englischen jedoch kaum mächtig war, die Bedeutung des Wortes *Planegg* zu entlocken. Das war nun wirklich putzig. Wer weiß schon, warum *Planegg*, eine langweilige Bettenburg im Würmtal, denn eigentlich *Planegg* heißt, und nicht etwa *Bettenburg*? Die das öffentliche Verkehrsmittel benutzende, englischsprechende Frau war lautstark enttäuscht, daß es ihr aus terminlichen Gründen nicht mehr erlaubt sein würde, sich Planegg anzusehen. Das nur nebenbei. Ich weiß nicht, was sich der Durchschnittsbrite, oder auch der Durchschnittsamerikaner, oder überhaupt jeder englischsprachige Nichtplanegger, also der durchschnittliche englischsprachige Restweltbürger, unter dem *plan egg* vorzustellen vermag, jedenfalls habe ich seit diesem Erlebnis so gut wie keinen Appetit mehr auf Eier, ich weiß auch nicht wieso. Aber das nur nebenbei. Was ich sagen wollte, ich habe einen Freund, der wohnt in Planegg, und der heißt Blumtritt. Ich bin weder Amateurgenealoge noch Etymologe, aber ich glaube auch nicht, daß Blumtritts Ahnen dafür bekannt waren, Nachbars Blumenbeete zu zertrampeln, denn Blumtritts Ahnen lebten in Ostpreußen und da gab's nur dumme Bauern und keine Rabatten, oder kamen sie aus dem Sudetenland, ich weiß es nicht mehr. Blumtritt war übrigens auch viel in England und hat dort wohl auch öffentliche Verkehrsmittel benutzt, aber die Briten, denen er vom Plan Ei erzählte, wußten damit nicht viel anzufangen. Seine Freundin heißt Schwarz, also Blumtritts Freundin, nicht die Freundin des Briten. Schwarz, das kennt der Brite, aber das nur nebenbei. Übrigens werden Blumen viel zu wenig gewürdigt, wenn sie nicht gar gleich zertrampelt werden. Nicht nur in Ostpreußen, sondern auch in Südafrika. Das war jetzt ein weiter Sprung auf dem Globus, weiter als von Ostafrika nach Südpreußen, aber das nur nebenbei. Ich traf nämlich vor ungefähr einiger Zeit, auf einem Fest in einer Kiesgrube, also da traf ich ein Mädchen, das jetzt aber nicht weiter wichtig ist, genausowenig wie die Kiesgrube, die eigentlich gar keine Kiesgrube ist, sondern mehr eine Wiese, doch irgendwann vor einer Million Jahren oder so, hat die Bahn dort, in der Kiesgrube, alte prähistorische Eisenbahnwaggons vergraben und mit Kies zugedeckt. Deswegen heißt die Kiesgrube auch Bahnwiese. Kann man in Lochham besichtigen, aber das nur nebenbei. Sind ohnehin nur ein paar blöde Schafe zu sehen. Jedenfalls kam dieses Mädel gerade aus Südafrika, also sonst kam sie auch überhaupt aus Südafrika. Deshalb weiß ich jetzt auch, daß Blumen in Südafrika nicht gewürdigt werden, zumindest nicht überall und von jedem, so, wie es eigentlich sein sollte. Der Schwarze an sich, also der schwarze Südafrikaner, hat nämlich kein Verhältnis zu Blumen. Jedenfalls kein gesundes. Wenn der Schwarze eine Blume sieht, dann würde es ihm nicht im Traum einfallen, diese zu pflücken und in eine Vase zu stellen, oder sie in einen Topf zu setzen. So sei er, der Schwarze, sagt das Mädel aus Südafrika. Deshalb sei doch auch klar, daß man dem Schwarzen unmöglich die Macht überlassen könne, wo er doch nicht einmal mit Blumen umzugehen versteht. Das aber nur nebenbei. Die Schwarz, also die Freundin meines Freundes Blumtritt, die hat schon ein Verhältnis zu Blumen, aber das ist hier, glaube ich, nicht weiter wichtig. Was ich wirklich wichtig finde, das ist, weil wir gerade von Rabatten sprachen, der Niedergang der Rabattmarke. Ich kann mich noch gut an das beglückende Gefühl erinnern, das in mir aufkam, wenn ich ein volles Heftchen zum Supermarkt tragen durfte. Das ist für mich ein Stück unbeschwerter Kindheit. Wir, die Kinder der Rabattmarke. Nebenbei bemerkt, hatte ich einen Klassenkameraden, der das Sammeln von Rabattmarken geradezu exzessiv betrieb. Sein Leben war die Rabattmarke, er war die Rabattmarke. Und das in seinem Alter. Denken Sie da mal darüber nach. Aber das nur nebenbei. Übrigens habe ich, seitdem Tengelmann keine Rabattmarken mehr ausgab, nie mehr etwas von diesem Klassenkameraden gehört. Eine traurige Geschichte. Ich kann Ihnen heute nur von Traurigem berichten. Dieser Junge, von dem ich gerade erzählte, kam, wie Sie sich vielleicht denken können, nicht aus Planegg, ich weiß auch nicht, welches Verhältnis er zu Blumen hatte. Aber das nur nebenbei. Bei der Bahn bekommt man ja kaum noch Rabatt. Die Bahn hat ja auch kein Verhältnis zu Blumen, wie sie auch zu vielen anderen Dingen kein Verhältnis hat. Ich würde gerne mal ein Plakat der Bahn sehen, das all den Menschen da draußen über ihr Verhältnis zu Blumen zu denken gibt. Ich möchte nicht nur dauernd solche Sachen lesen, wie *Halber Preis fürs ganze Volk* oder so ähnlich. Ganze Völker zum halben Preis zu verscherbeln, finde ich gar nicht gut. Aber das nur nebenbei. Jetzt fällt mir auch wieder ein, diese Wiese da in Lochham, die Bahnwiese, das muß ein archaischer Mythos im gesunden Volksgedächtnis der Lochhamer sein, denn damals, als die Bahn dort ihre Begräbnisriten praktizierte, da gab es ja noch gar keine Lochhamer. Aber das nur nebenbei. Auf dem Weg nach Lochham, in einem öffentlichen Verkehrsmittel wohlgemerkt, habe ich übrigens mit Freude feststellen dürfen, daß die Bahn, wenn schon kein Verhältnis zu Blumen, so doch wenigstens eines zur Bildung hat. Zum Wohle eines ganzen halben Volkes, der Bahnfahrer nämlich, bringt die Bahn in ihren Waggons so Sprüche an, die kennen Sie sicher auch, so Sprüche wie *Liebe ist das einzige, was wächst, wenn man es verschwendet.* Hab ich jetzt schon tausendmal gelesen. Beim erstenmal hab ich noch gedacht: *Mann!* Daraufhin hab ich verschwendet und verschwendet und was ist gewachsen? Die Einnahmen der Bahn. Aber das nur nebenbei. Das ist übrigens auch das einzige, was Bahnfahrer der anderen ganzen Hälfte des Volkes, den Autofahrern, voraus haben. Die Bildung. Das mag jetzt wahnsinnig provokant sein, aber das auch nur nebenbei. Dabei will ich gar nicht provokant sein, ich will nur nicht, daß die Leute Auto fahren. Auch die, die vielleicht eine halbe Volksschul- oder meinetwegen auch eine ganze Volkshochschulbildung haben, auch die sollten mehr Bahn fahren. Oder in England öffentliche Verkehrsmittel benutzen, dann müßten die Engländer nicht mehr Auto fahren, weil es dann in englischen öffentlichen Verkehrsmitteln nicht mehr so öde wäre, und dann hätten die Engländer auch mehr Zeit und Muße, mit unseren öffentlichen Verkehrsmitteln sich auf die Suche nach dem Plan Ei zu begeben. So schließt sich der Kreis und die Umwelt wäre auch zufrieden. Ah, da kommt ja auch schon Jörg Blumtritt. Er ist extra aus Planegg gekommen. Du bist schon mit einem öffentlichen Verkehrsmittel gefahren, oder? Ah, wie ich sehe, hast Du auch deine Pistole dabei, ein hübsches Stück. Ich glaube das ist das Zeichen für mich, nun endlich Schluß zu machen. Auf Wiedersehen.

Pathogene Heimtücke

Der Aberglaube

Der Aberglaube kann auf jedem nur denkbaren Wege übertragen werden, in der christlichen Welt wird er an hohen Feiertagen sogar live übertragen. Da der Virus ständig mutiert, ist es bisher noch nicht gelungen, einen wirksamen Impfstoff zu entwickeln. Das Krankheitsbild aber ist eindeutig: der Erkrankte macht sich unbeliebt, da er der Meinung ist, im Besitz einer unumstößlichen Wahrheit zu sein. Er weiß es eigentlich besser, will es aber nicht glauben.

Die Evolution

So wie Herpes oft zusammen mit den Windpocken übertragen wird, gelangt der Erreger der Evolution üblicherweise infolge einer Infektion mit der → Frömmigkeit in den Organismus. Je höher der Grad der Frömmigkeit, desto brutaler schlägt die Evolution zu. Der Infizierte selbst zeigt keine Krankheitssymptome, überträgt den Virus aber auf seine Nachkommen, die dann von Generation zu Generation zunehmend verblöden.

Die Frömmigkeit

Daß die Frömmigkeit eine hochinfektiöse Krankheit ist, wurde schon in alter Zeit vermutet. Ab dem 18. Jahrhundert haben sich einige Unerschrockene immer wieder darum bemüht, diese Hypothese zu verifizieren, doch erst der modernen Wissenschaft gelang der Nachweis, daß, wie der Hund, die Frömmigkeit schon seit Urzeiten den Menschen begleitet und an ihm schmarotzt.
Immer schon wurden Menschen, die Symptome wie Hysterie, Wahrnehmungsstörungen, Jähzorn, Lethargie, sexuelle Enthaltsamkeit, zwanghaftes Lügen und Geschäftstüchtigkeit gleichermaßen zeigten, als besonders *fromm* bezeichnet. Heute weiß man, daß der Erreger, ein Bakterium, von der Hirnanhangdrüse des Menschen aus dessen Organismus mit einem Zellgift überschwemmt, das die Symptome auslöst. Warum das Immunsystem mancher Menschen den Erreger bezwingen kann und das der meisten Menschen mehr oder weniger anfällig ist, weiß man noch nicht. Penicilline zeigen keine Wirkung.

Das Grundgesetz

Das Grundgesetz ist eine Abart der → Naturgesetze und wie diese höchst virulent. Die Krankheitserreger werden mit der Post verschickt, liegen in öffentlichen Bibliotheken aus oder werden sogar von unwissenden Pädagogen in den Schulen verbreitet. Das Genom dieses Krankheitserregers besteht aus dem sogenannten *Katalog der Grundrechte*, der den Infizierten dazu verleitet, etwa 140 Artikel zur Glücksmaximierung bei obskuren Behörden zu bestellen. Erhalten wird der Unglückliche gar nichts, da noch nicht einmal die technischen Voraussetzungen geschaffen sind, die entsprechenden Artikel herzustellen. Das Grundgesetz führt im allgemeinen nach etwa 70 Jahren zum Tode.

Die Naturgesetze

Die Naturgesetze sind, nach dem → Aberglauben, die am weitest verbreiteten Infektionskrankheiten. Der Krankheitsverlauf ist noch nicht eindeutig beschrieben, Literatur und Wissenschaft bemühen sich seit etwa 10 000 Jahren um eine einvernehmliche Lösung. Die Mortalitätsrate beträgt 100%. Der Erreger wird wahrscheinlich schon im Mutterleib auf das Ungeborene übertragen, konnte jedoch noch nicht isoliert werden.
Die Gravitation, eine Unterart, führt zu unüberwindlicher Trägheit und Schwerfälligkeit, in manchen Fällen sogar zu schweren Stürzen

Die Revolution

Eine entfernte Verwandte der asiatischen Grippe. Sie befällt mit Vorliebe Familienväter in den besten Jahren und erzeugt ein starkes Verlangen nach radikaler Veränderung. Der Infizierte zeigt Symptome wie ständige Unrast, Schlaflosigkeit, Gereiztheit und Steuerhinterziehung. Wird der Wunsch nach Veränderung schließlich übermächtig, öffnet der Kranke eines Nachts dem Chaos Tür und Tor und wirft die Schlüssel weg. Nachdem die Revolution seine Kinder gefressen hat, bricht die Krankheit aus, das heißt, eigentlich rennt sie ja offene Türen ein. Zurück bleibt ein gebrochener Mann, der zwar enttäuscht, doch künftig stets bemüht sein wird, dem Vaterland gegenüber seine Loyalität unter Beweis zu stellen. Eine Heilung ist dann nicht mehr möglich.

Druck von unten

Mehrere Monteure

Erster	Kollegen, ich freue mich, daß ihr so zahlreich erschienen seid. Wie ich mich freue, ehrlich. Es ist gut, zu wissen, daß es auch in diesem Betrieb noch Kollegen gibt, die sich möglicherweise, unter Umständen, vielleicht nicht alles bieten lassen würden wollen. Männer und Frauen, die den aufrechten Gang noch nicht verlernt haben. Trotz Kreuzschmerzen. Haha.
Zweiter	Frauen, wo?
Dritter	Ham wir Frauen hier?
Erster	Äh, ich möchte an dieser Stelle auch ganz besonders herzlich dem Juniorchef danken, daß er uns, so großzügig, wie wir ihn kennen, die Toilette als Versammlungsraum zur Verfügung gestellt hat.
Vierter	Mach hin, Mittag is gleich vorbei.
Fünfter	Was willst du überhaupt? Wo sind die Weiber?
Sechster	Nix zu saufen, oder was?
Erster	Äh, ihr wißt alle, daß es nicht zum besten steht. Massenentlassungen, Rationalisierung, Kapitalabwanderung, Lohnkürzungen, sechs Millionen Arbeitslose, unsichere Renten. Was ist zu tun?
Sechter	Saufen!
Fünfter	Genau, Weiber!
Erster	Äh, wer wenn nicht die Gewerkschaft kann die Arbeitgeber in die Schranken weisen? Deshalb sind wir hier. Wie seht ihr das?
Fünfter	Ich seh keine Weiber. Ich will Weiber.
Sechster	Schnaps. Weiber.
Erster	Äh, immer mehr Kollegen stehen auf der Straße. Ohne Arbeit. Das Kapital investiert im Ausland oder holt ausländische Arbeitskraft zu Spottpreisen ins Land. Was denkt ihr, wie man das lösen kann?
Dritter	Kanaker raus!
Erster	Ja gut, das ist ja mal ne Aussage. Als Gewerkschafter finde ich auch, daß man die Illegalen nicht dulden darf, trotzdem müssen wir solidarisch sein. Solidarität, Kollegen.

106

Fünfter	Die sollen sich verpissen. Nehmen mir die Arbeit weg.
Sechster	Genau, Weiber.
Fünfter	Arbeit, Weiber.
Sechster	Genau, Schnaps.
Zweiter	Also, ich weiß nicht, machen wir hier Politik, oder was? Das is mir alles zu theoretisch. Versteh ich nicht.
Vierter	Ey, kannste nich Doitsch?
Fünfter	Kanak, oder was?
Sechster	Das isn Kanaker!

Kleines Intermezzo

Erster	Ja gut, das ist ja mal ne Aussage. Also, ich sehe, hier sind wir einer Meinung. Kollegen, das stärkste Druckmittel, über das wir verfügen, ist der Streik.
Fünfter	Weiber.
Sechster	Schnaps!
Erster	Genau. *Das* sind unsere Forderungen. Der Burschowah wird sich noch wundern, wozu er fähig ist. Kollegen, seid solidarisch, wir haben ein Ziel. Zusammen sind wir wie weiches Wasser. Morgen, Kollegen, wird gestreikt! Dann werden wir uns noch umschauen! Morgen, fünf vor zwölf, Kollegen, legen wir alle demonstrativ eine Zigarettenpause ein!

Trööt!

Vierter	Mittag vorbei.
Fünfter	Kein Schnaps.
Sechster	Keine Weiber.
Erster	Mehr Druck von unten, das ist der sanfte Druck, den der Leichnam gegen das Erdreich ausübt.

So geht's doch auch

Von einem Freund, der einige Jahre als Pfleger in der Psychiatrie gearbeitet hatte, hörte ich einmal die folgende Geschichte: ein Patient wurde dabei beobachtet, wie er stundenlang auf die Uhr schaute und in regelmäßigen Abständen lauthals fluchte und Verwünschungen ausstieß. Darauf angesprochen, was er denn da mache, jammerte die arme Seele, daß er befürchte, nicht mehr ganz richtig im Kopf zu sein, weil früher, da habe er durchaus eine Stunde schon mal in zwanzig Minuten geschafft.

Guter Gastgeber

Die unglaubwürdigste Ausrede, leere Flaschen nicht, wie sich's gehört, zum Container bringen zu müssen, fand einmal ein junger Mann aus der Wohngemeinschaft, in der ich damals lebte. Er hatte nämlich die Angewohnheit, die Reste seiner allwöchentlich stattfindenden Orgien nicht zu beseitigen, sondern in der Küche zu stapeln. Darum gebeten, wenigstens die Pfandflaschen zurückzubringen, lehnte er dieses Ansinnen brüsk ab, weil er, wie er sagte, gerne ein paar leere Flaschen im Haus habe, falls einer seiner Gäste nichts trinken wolle. Was leider selten der Fall war.

Genau

Daß für diese Welt noch Hoffnung besteht, darf ich zu meiner Freude nun doch verkünden, da ich letztens Zeuge wurde, wie auf einem Spielplatz ein kleiner Knirps sich gegen die ihm von seinen Spielkameraden zugedachte Rolle mit den Worten wehrte: „Ich bin kein König, ich bin ein Mensch!" Das sollten sich manche nun wirklich mal hinter die Ohren schreiben.

Unbekannte Dichter

William John Talbot (alias Wilheim Tal), *1888 in Ayr/Schottland, † 1916 bei Amiens/Frankreich.
Bis 1914 Aufenthalte in Hamburg, Berlin und München. Hinwendung zum Expressionismus. Suchte in München die Bekanntschaft Trakls, dessen visionäre Dichtung er bewunderte. Seine eigenen Werke fanden keinen Gefallen. Auch Trakl ließ ihn schließlich fallen, woraufhin Talbot den Ausspruch tat: „I'll never truckle to Trakl!" Trotzdem löste auch er sich, nach Trakl, vom Symbolismus und wandte sich wie dieser der apokalyptischen Dichtung zu. Öffentliche Lesung. Das Publikum war irritiert, Talbot als Epigone verschrien. Ein Kritiker verspottete ihn als *the vice worser*. Talbot fühlte sich zu Recht auf den Platz verwiesen. Der Weltkrieg bot ihm willkommene Gelegenheit, die Stätte seiner Schmach zu verlassen. Er fiel als einer der ersten ungedruckt an der Somme.

Ludwig Thoma, * 1890 in Großgerau, † 1923 in München.
Thoma, nicht verwandt oder verschwägert mit jenem anderen, dessen Name hier nicht genannt werden soll, zog im Alter von neun Jahren in Begleitung seiner Eltern nach München. Eine kindliche Laune, der sich seine gutmütigen Eltern aber nicht entgegenstellten. Er wuchs rasch heran und entwickelte sich großartig und vielversprechend. Starb dann aber in Dunkelhaft in München-Stadelheim. Das bayerische Staatsarchiv bewahrt bis auf den heutigen Tag ca. 20 000 Seiten aus seiner Feder, die, zusammen mit zwei Fotographien oberbayerischer Voralpenlandschaften, seinen gesamten Nachlaß darstellen. Er schrieb in verschiedenen Mundarten und Handschriften und trotzdem bleibt sein Werk, ebenso wie sein Tod, im dunkeln.

Prof. Horst Thomayer, * 1938 in Herzas/Tschechien.
Nebenerwerbsrichter in Hamburg. Verfasser des maßgeblichen Kommentars zur Fahrraddiebhalsgerichtsordnung. Betreibt einen Expressdienst für schlüsselfertige Gedichte.

Gerold Wacker, * 1922 in Klattau/Böhmen.

Aus der Gefangenschaft entlassen, vertauschte Wacker das Rüstzeug des Krieges mit dem der Bildung und begann 1956 in Andernach eine Ausbildung zum Unteroffizier. Nach einem unschönen Vorfall und seiner Entlassung aus dem Gefängnis, eröffnete er in Fürstenfeldbruck bei München eine Fahrschule. Seitdem schreibt er für das dortige Anzeigenblatt sogenannte Kurzstreckenlyrik. Für die Kreation des ganz eigentümlichen Fürstenfeldbrucker Fahrstiles verlieh ihm Verkehrsminister Wiesheu 1999 den Bayerischen Verdienstorden am Bande.

Dr. Ottilie Wäckerle, * 1928 in Veprovac/Jugoslawien.

Studium der Germanistik in Hannover. 1960 vielbeachtete Promotion *Thomas Manns Rasur vom 1. November 52*. Zeitweise Nachbarin von Arno Schmidt. 1980 Veröffentlichung der Schmidt-Monographie *Das Ung - etym von Bargfeld*. 1983 Initiative zur friedensbewegten Altgedicht-sammlung *Krieg ist nirgends schlimmer als überall* in der Lüneburger Heide.

Martin Walser, * 1927 in Wasserburg a.B.

Ein HJ-Kamerad erinnert sich, daß Walser nie ganz bei der Sache war, immer weggeschaut hat. Erst als der junge Flakhelfer schon drei Messerschmitts vom Himmel geholt hatte, entdeckte man, daß Walser blind war, vermutlich von Geburt an. Seine Mutter schien es geahnt zu haben, denn immer wenn sich Walsers Kameraden verlustierten oder dem Führer huldigten, mußte er der Alten beim Spinnen helfen. 1998 verarbeitet er dieses dunkle Kapitel in der Kolportage *Hineinverwirkt. Was nun?*

Ulrich Wenzel, * 1939 in Hodmezövásárhely/Ungarn.

1959 Flucht unter einer Ladung Paprika. Starke Quetschungen. Wurde dann in der Münchner Großmarkthalle an einen niedersächsischen Obst- und Gemüsehändler weiterverkauft, der aber bald Pleite machte. Die Dresdner Bank verzichtete großmütig auf ihre Besitzansprüche. Magyaristik- und Germanistikstudium in Detmold. Schreibt Prosa und Lyrik in Neuungarisch, einem in Vergessenheit geratenen niedersächsischen Dialekt. Wenig erfolgreich als Seesterngrossist. Lebt heute unerkannt in Bielefeld.

Raoul Wurf, * 1932 in Dortmund, † 1978 in München. Da es für den gelernten Taubenvergrämer im traditionell taubenfreundlichen Ruhrgebiet kaum Arbeit gab, zog er Mitte der sechziger Jahre ins traditionell taubengeplagte München, wo er schon bald sein Auskommen fand. Wurf war natürlich ein Borusse, wußte sich aber anzupassen. Die Münchner Abendzeitung druckte täglich seine neckischen Fußballverslein. Weniger Erfolg war dem Sammelband *Ein Blitzsieg dauert 90 Minuten* und dessen Nachfolger *Die Gefährlichkeit der großen Ebene* beschieden. Auf einer Promotiontour durch Münchner Kaufhäuser wurde der glücklose Fußballdichter von einem erbosten Taubenmutterl hinterrücks vergiftet.

Zlobodan Ztrabczicki, * 1879 in Warschau, † 1919 in Berlin. Polnischer Wagenhändler und Strukturalist. Stand in Opposition zur Südschleswiger Schule und gründete dann in Berlin zusammen mit seiner Geliebten → Frieda Fröhlich und dem Buchdrucker → Kasimir Müller den radikaltypographischen Zirkel *Das Oval.* In Unkenntnis der genaueren Umstände wird er noch heute von der deutschnationalen Burschenschaft *Olaf,* zu Unrecht, als Märtyrer verehrt.

Es

Zwischen München und Reichertshausen saß ich noch alleine im Abteil und hoffte auf Zerstreuung. Reichertshausen aber enttäuschte mich nicht, es schickte mir ein besonders schönes Exemplar: männlich, um die 50, fettsüchtig, asthmatisch und schlecht rasiert. Es zwängte sich durch die Tür und ließ sich grußlos auf zwei Plätzen mir gegenüber nieder. Ich heuchelte Desinteresse. Wir waren allein.

Einer schwarzen und speckigen Aktentasche entnahm Es ein Brotzeitköfferchen und diesem ein Wurstbrot. Das war ein Wurstbrot, wie ich es niemals zuvor erblickt hatte. Es war ein Brot. Und mit Wurst belegt. Ein Wurstbrot. Nachdem die Beute verzehrt war, förderte Es aus seinem Köfferchen eine weiße, ordentlich gestärkte Serviette aus feinstem Linnen zutage und säuberte sein Gesicht. Eine Flasche Ingo-Bräu wurde der Tasche entnommen, flugs geleert und wieder dort verstaut.

Noch war Wolnzach weit und wichtiges stand nun an. Die Stirn in Falten gelegt, entnahm Es der Aktentasche Papier und Bleistift, legte beides auf das Klapptischchen vor sich und ließ dieses Stilleben eine Kubiksekunde lang auf sich wirken. Es wirkte.

Nun zog Es aus der Tasche einen dicken Stapel Zeitschriften und begann sogleich, diesen nach einem mir unbekannten System neu zu ordnen. Dabei handelte es sich ausnahmslos um pornograpische Magazine. Es nahm das nun zuoberst liegende Heft zur Hand und blätterte es langsam und aufmerksam durch, wobei seine Füßchen eine Art Spitzentanz aufführten. Dabei vergaß Es nicht, sich Notizen zu machen. Oh, was war ich entzückt.

Nach fünfzehn unerträglich langen Minuten legte Es abrupt Heft und Bleistift zur Seite und erhob sich schnaubend aus seinen Plätzen. Ich erstarrte. Es hatte mich bemerkt und für den Bruchteil einer Minute hielt ich seinen Blicken stand. Ich wußte, was nun geschehen würde, was nun geschehen mußte, doch da war Es auch schon fort. Nun war es an mir. Ich mußte es einfach tun.

Es war eine Liste. Die Liste eines geisteskranken Statistikers. Als Posten waren unter anderem aufgeführt: Hintern (breit) 7, Hintern (schmal) 1, Hintern (gut) 3, Mösen 11, Busen 10x2, Jumbobusen 1x3. Das war entschieden zuviel für mich. Doch da kam Es auch schon zurück, packte seine Utensilien ein und verließ bald darauf den Zug in Wolnzach, was mich nicht im geringsten wunderte.

Im Nachhinein tat es mir leid, nicht doch einen Blick in jenes Magazin geworfen zu haben. Ich hätte zu gern einmal die Frau mit den drei Jumbobusen gesehen.

Natürlich kam ich zu spät in Ingolstadt an, aber was die Unpünktlichkeit der Bahn angeht, so bin ich inzwischen der Ansicht, daß das Leben den zurecht bestraft, der die Chance zuspätzukommen nicht wahrnimmt.

Urinspende

Kennen Sie das: Biergarten, gute Laune, lecker Gerstensaft? Kennen Sie? Dann kennen Sie das hier auch: Biergarten, hundemüde, hackedicht, heimwanken, Uiuiui! Und im Umkreis von 100 km kein Klo! Kennen Sie? Vielleicht können Sie mir dann das hier erklären: Blutspenden gehen, Fragebogen ausfüllen, Becher bekommen, „Das Klo ist da drüben", auspacken, warten, ... , klopf klopf klopf, *Scheiße, Scheiße, Scheiße!*, „Hallo, geht's Ihnen gut?", *Mist, Mist, Mist!*, „Na, dann trinken Sie mal was", 2 Flaschen Sprudel, Würg!, „An fließendes Wasser denken, Junge", ... , Klopf klopf klopf, „Hallo?", „Äh...", tuschel tuschel kicher kicher, „Das nächste Mal vielleicht?", gedemütigt abziehen, Bus kommt, Uiuiui! Und im Umkreis von 100 km kein Klo! – Können Sie sich auch nicht erklären? Dachte ich mir.

D-day

So eine Thrombozytenspende dauert üblicherweise etwa 1 Stunde oder länger. Da kann einem schon langweilig werden. Deshalb, so heißt es, zeigen sie einem Filme, wie im Flugzeug. Offenbar gibt es aber auch renitente Spender, die sich trotz Bezahlung und Freigetränken nicht von ihrem Blut trennen wollen. Die werden nur an bestimmten Tagen eingeladen. Dann zeigt man ihnen einen Film, aber nicht irgendeinen. An so einem Tag saß ich zufällig nebenan und wartete auf die ärztliche Untersuchung. Den Film konnte ich nicht sehen, aber hören konnte ich alles. Kennen Sie „Saving Private Ryan"? Ich kannte ihn bisher noch nicht. Nach wenigen Minuten schon hatte ich Probleme, mein Blut am Verlassen seiner Bahnen zu hindern. MG-Dauerfeuer, Todesröcheln, Schreie – mein Blut wollte hinaus, es drängte ans Licht: Spenden! So machen die das.

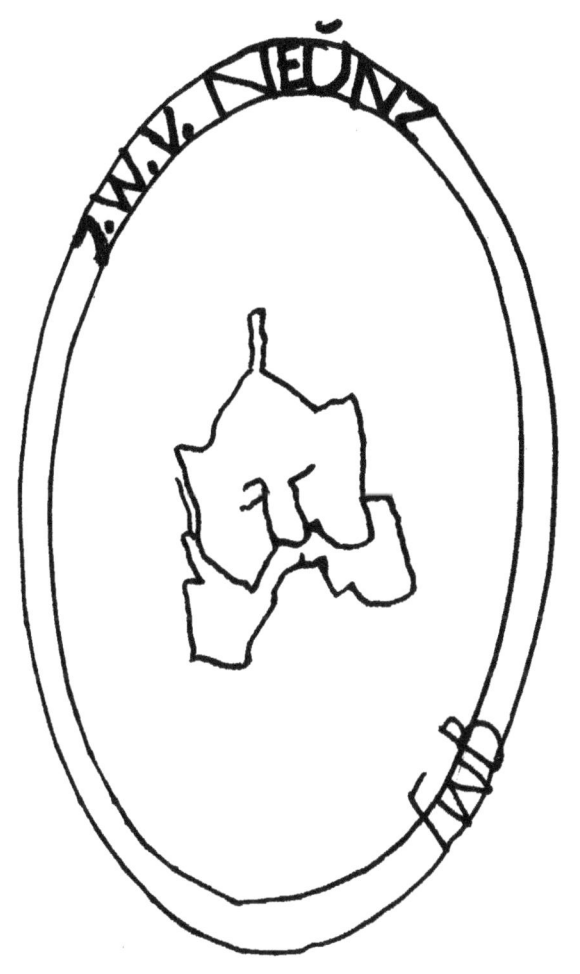

Berlin

I. Vor Berlin

Nach Berlin

Wer war der erste? Wann war das? Irgendeiner muß der erste gewesen
sein. Vielleicht waren es mehrere gleichzeitig. Wenn es zu gleicher
Zeit an mehreren Orten geschehen war, mußte diese Menschen etwas
verbunden haben. Vielleicht eine ähnliche Geisteshaltung. Bestimmt
waren es Männer und Frauen in den besten Jahren, wie man so sagt.
Keine einfachen Leute, sondern angesehene und geachtete Bürger. Menschen mit Bildung und Geschmack. Angeödet von den Moden und
Attitüden ihrer Zeit. Vor allem waren sie angeödet von ihren Kindern,
die sie unter Mühen großgezogen hatten. Nun war es Zeit für Ruhe
und Entspannung. Altersteil, Flucht, Weltreise? In eine andere Stadt
ziehen? Aber nein, überall dasselbe Leid. Überall das gleiche Lied.
Der Nachwuchs lärmt und will nicht flügge werden. Und fliegt er einmal, dann nicht weit genug.

Was war Berlin damals? Ein Nest. Ein Kaff. Langeweile und schlechter Geschmack allerorten. Preußen? Eine Armee. Eine Kaserne. Die
Preußen? Soldaten, Polizisten, Spitzel und andere Kriminelle. Der
Auswurf Deutschlands. (*Behauptungen muß man rausschmeißen. Wie
erwachsene Kinder. Sie müssen selber sehen, wie sie zurechtkommen.*[1])

Sohn? • Ja Vater? • Denkst Du etwa daran, von zu Hause fortzugehen?
• Fortgehen? Aber nein Vater. Weshalb sollte ich? Es geht mir doch
gut hier. • Das vernehme ich mit Freuden, mein Sohn. Ich fürchtete
schon, du hegtest Pläne, dein Heim zu verlassen. • Nein Vater, seid
ganz beruhigt. Ich weiß, wohin ich gehöre. • Nun bist du ja schon 34
Jahr alt, also ein Jüngling noch. Die Jugend neigt ja bekanntlich dazu,
alles zu überstürzen. • Das tue ich nicht, Vater. • Du bist nun auch
mein Sohn. Trotzdem will ich dir raten: überdenke deine Entschei-
dungen. Und höre auch künftig auf meinen Rat. Die Jungen neigen ja
bekanntlich dazu, den Rat ihrer Eltern gering zu schätzen. • Auch das
tue ich nicht, Vater. Ich achte Euch und vertraue auf Eure Weisheit. •
Das höre ich gern, mein Sohn. Dann brauche ich mir ja keine Sorgen
zu machen. • Das braucht Ihr wahrlich nicht, Vater. • Denn erst letzt-
hin las ich im Wochenblatt, daß die Jugend neuerdings seltsame Din-

ge treibt. • Was meint Ihr, Vater? • Nun, sie ehren ihre Eltern nicht. • Was so in der Zeitung steht. • Die Familie gilt ihnen nichts mehr, sie gehen fort, sobald ihnen das erste Barthaar sprießt. • Narreteien, Unsinn. • Sie packen ihr Bündel und verlassen ihr Heim. • Wohin sollte so ein Knabe schon gehen? • Nun, es scheint, daß es alle diese Wirrköpfe nach Berlin zieht. In diesen Sündenpfuhl, wo sie huren und saufen und die Nächte durchtanzen und verbotene Chemikalien zu sich nehmen! • Pfui!

Man kann sich denken, wie die Geschichte weitergeht. Der Sprößling ward des Hauses verwiesen, das er sowieso gerade im Begriff war zu verlassen. Ruhe kehrte ein, ein gutes Buch, ein alter schottischer Whisky, Kaminfeuer und irgendwann ein schöner Tod.

Ich kann mir auch gut vorstellen, daß die schwäbische Kehrwoche, der Blockwartcharme schwäbischer Hausfrauen, das Essen und all das Getue, vielleicht sogar der Dialekt, nur ein Reflex sind, Ausdruck des Wunsches nach Ruhe und Frieden. Es wirkt auch heute noch.

Da ist 'ne große Stadt im Osten, die ist auf Sand gebaut.
Die Leute dort sind unfreundlich, mies gelaunt und laut.
Sie kommen aus Köln-Knappsack, aus Aachen oder Schwäbisch-
Gmünd, sie wollen nie mehr in die Provinz und glauben, daß sie lässig
sind.

Ich würde niemals nach Berlin gehen,
nicht für alles Geld der Welt,
auch wenn es außer mir dort
scheinbar jedem gut gefällt;
auch wenn Berlin sich neuerdings für die deutsche Hauptstadt hält:
ich würde niemals nach Berlin gehen,
nicht für alles Geld der Welt.

Olympia '36, Sanssoucis und Reichstagsbrand,
ein Spaziergang unter Linden, Konferenz am Wannseestrand,
die S-Bahn fährt bis Potsdam und du hältst meine Hand:
dreimal deutsche Hauptstadt, im frischvermählten Vaterland.[2]

Gibt es einen guten Grund, nach Berlin zu gehen? Gab es je einen? Die Russen hatten einen wirklich guten Grund. Schade, daß sie nicht mehr da sind. Schade, daß sie Berlin nicht einfach mitgenommen haben. Stattdessen haben sie uns das ostelbische Gesindel überlassen. Und die Sudetendeutschen (Bayerns 5. Stamm). Und die Studentendeutschen zogen gen Berlin (Moskaus 5. Kolonne). Strafe muß sein.

Heute studiert man wieder in Berlin. In einer Stadt, in der Deutsch bis auf weiteres eine Fremdsprache bleibt, studiert der Schwabe *Germanischtik.*

Drückeberger? Flucht vor der Einberufung? Bis vor kurzem hatten sie in West-Berlin ja noch die Todesstrafe. Warum wurde die eigentlich nie angewendet?

Guter Grund: weil man muß. Austreten nach Berlin! Nichts für Konfirmanden und Drückeberger. Drückeeen! Ahhh! Ein Wind geht um die Welt. Scheißwetter! Ich piß dir Berlin in den Schnee. Reif für die Insel. Und wenn auch die Nille raucht, ein Insulaner kennt kein' Schmerz. Wir braten unsere Buletten im deutschen Saft.

Goethe hat Berlin gehasst. Kronkorkenregelung, abtauchen!

II. Balin

Berlin, Irving, eigtl. Israel Baline, * Temun (Sibirien) 11. Mai 1888. Adenauer hatte so verdammt recht!

In Berlin

Nachdem nun also das Gerücht in Umlauf gesetzt worden war, Berlin sei die Stadt der Städte, wo junge Menschen alles das genießen dürfen, was ihnen zuhause in der Provinz verwehrt wird, machte sich Deutschlands Jugend auf den Weg in Preußens Kapitale, nach Berlin, der Stadt der Städte, der Mutter aller Städte, der Hauptstadt Deutschlands, der Hauptstadt des deutschen Wesens und somit der Welt. Deutschlands Jugend machte sich auf in die Welt; und kam doch nur in Berlin an, dem Nest, dem Kaff, der Kaserne. Die Berliner? Soldaten, Polizisten, Spitzel und andere Kriminelle. Dazu noch hugenottische Ministerpräsidentenvorfahren und deren ostpreußisches Gesinde. Wer würde da nicht gerne gleich wieder den Koffer packen. Nein, keine Zeit verlieren, Koffer dalassen, schnell weg, aber: wohin? Gesicht auch zurück lassen und heim zu Mami und Papi?

Über sieben Brücken wird er gehen, 14 Kreuzwegstationen überstehen und dann auf Golgatha SO 36 das nächstbeste leerstehende Kreuz besetzen. *Des Greuz isch besätzt!*

Unter Berlin

Berlin, ehem. Hauptstadt des Dt. Reiches, liegt in einem eiszeitl. Urstromtal (30-40 m ü.d.M.) und der es umgebenden Grundmoränenlandschaft.[3] Unter den Linden fließt der Reichsurstrom, an der Ecke steht das deutsche Ur, längst ausgestorben geglaubt, und dreht den ewigen Leierkasten. Eine Landschaft ist eine Landschaft ist eine Landsmannschaft. Aber Berlin ist einfach kein Zustand. Auf Sand gebaut und viel zu nah am Wasser. Was da nicht alles versickert: vor allem unsere Steuergelder. Grundmoräne, wa? Abjesunknet und ausjeschürftet Jeschiebe. Berlin ist ein Gletscher. Die Spalten füllt Giovanni di Lorenzo mit Hofberichterstattung. Geschiebe werden als Moräne mittransportiert und abgelagert. Schieber-City. Gletscher werden zu Seen, aber auch sowas verdampft mal. Geduld.

Unter Berlin macht es heute keiner mehr. Berlin muß sein. Das wäre ein Slogan. *Berlin muß sein!* Kein Widerspruch, sonst Zack Zack! Früher waren's nackte Weiber, dann kam Bio und heute ist es Berlin. *Der braune Riese. Mit noch mehr Berlin!* Was wäre das Leben ohne Angeber? Auch nur ein Leben. Aber eines ohne Berlin.

Berlin hat Umgebung und Untergrund. Im Untergrund leben die Hunde und düngen. Auf den Straßen darüber wachsen Scheißhaufen. Und unter dem Untergrund gibt es Kanäle. Schiaparellis Kanäle. Kleine braune Männchen tummeln sich darin, bereit, die Erde zu unterwerfen. Und Bunker haben sie gebaut. Die Bunker kann man mit starken Teleskopen gerade noch so erkennen. So ist das.

Unter Berlinern

Ber|li|ner; → R 147 (auch kurz für: Berliner Pfannkuchen). Ein Kind, ein Bär, – ein Pfannkuchen. Ick berlinere nach Regel 22. Alles weitere regelt Regel 187: Opi war bei der ß, Papi war bei der ß, ick war niemals nie bei der ß[4] (Entnazifizierung durch Rechtschreibreform. Wir machen uns jetzt mal ganz klein.).

Manchmal läßt es sich nicht vermeiden. Du mußt nach Berlin. Du kaufst eine Karte, steigst in den Zug – *tu es einfach, denk nicht nach, geh über Los, zieh nicht den Schwanz ein* – und fährst nach Berlin. Es funktioniert, man kann nach Berlin fahren, freiwillig, aber man muß dafür zahlen. Bahnhof Zoo raus, in die U-Bahn rein, da und dort dann wieder raus: *Hallo Landpomeranze! Ick bins, Balin! Ick mach ma einfach so weita, wa? Denk dir nüscht bei, wa.* Einsteigen! Vorsicht! Hunde, wollt ihr ewig bellen? Lärm, Geschrei. Ist das noch Folklore oder wird da jemand umgebracht? Tropfsteinhöhle. Und wie das stinkt. *Na kleiner Mann. Lust auf harten Sex?* (Ja, mein Gott. Aber doch nicht mit dir, du Arsch!) *Fahrschweine!* Yessirnosirwhateveryousaysir! War das da eben nicht der Bulle, der mir '86 in Wackersdorf in die Eier getreten hat? *Berlin zieht die Gescheiterten an, Hundertmillionen, jetzt die Ostler, davor die Hugenotten, Polen und faule Studenten aus Bielefeld. ... die ganzen Betriebe schicken doch ihre Deppen, Alkoholproblematiker oder olle Adlige aus den Vorständen nach Berlin. Alle, die sie nicht haben wollen. Und das sind die Puffgänger.*[5] Nicht nur der Berliner ist pervers, sondern auch die Situation, in der er lebt. Hallo, ich heiße Kotze und hab Aids. *Hertha Hertha Hertha!* Einmal H-Jugend, immer H-Jugend. (Der HIV wird Deutscher Meister![6]). Endstation! Raus! Erlösung? Endlösung? 1942 Judenfrage. 1968 Budenfrage. 1998 Dudenfrage. *Ma wieda durch Balin jegangen, / die Luft jeschnuppert, Atmosphäre einjefangen.*[7] Wenigstens sonst nix eingefangen. Rennt da nicht wer? Diepgen rennt. Und niemand sonst rennet, rettet, flüchtet sich. *Schaut Euch nur dat Diepgen an! / Trippelt aus dem dunklen Tann; / tut grad so, als sei es wer. / Diepgen Diepgen täuscht sich sehr.*[8]

Ber|li|ner. Schmalzgebäck und Schnauze. Untergrundbahn und Ober-arschloch. Was zusammengehört, soll man u.U. nicht trennen (keine Regel)!

Über Berlin

Manche Menschen sprechen über Berlin so, wie manche Männer Arsch und Titten sagen, wenn sie eine Frau meinen (*Difickiano/Ich kann sie alle haben/Die ging ab/etc. pp.*).
Über Berlin ein Himmel. Ein paar Kilometer Berliner Luft. Und eine Säule aus Raum, die mit der Erdumdrehung das Universum durchmisst. Berlin, ein Speerscher Lichtdom. Leuchtet dem Universum heim. Zieht Gescheiterte an. Und faule Studenten aus Bielefeld.

Neben Berlin

... gibt es nichts.

Hinter Berlin

... hat alles zurückzustehen. Zurückbleiben! Vorsicht an der Rampe!

III. Nach Berlin

Vor Berlin

Man kann Berlin verlassen. Es gibt auch dort Verkehrsmittel, mit denen dies durchaus zu bewerkstelligen ist. Dann ist man irgendwann wieder vor Berlin. Aber mitten in Brandenburg. Auch nicht schön. Aber bald daheim. Trotzdem: du weißt, nach Berlin ist vor Berlin. Irgendwann mußt du wieder. Hinter dir ein dumpfes Donnergrollen. Frau, dreh dich nicht um! Alles im Lot? Na dann.

Autobahnende

Was war Berlin? Ein Nest voller Nestflüchter. Ein verschmdocktes Kaff. Langweiler und schlechter Geschmack allerorten. Preußen? Ein feuchter Traum. Brandenburg? Ein feuchter Alptraum. Da kam Land mit. Land unter, ihr Bettnässer! Die Preußen? Soldaten, Polizisten, Spitzel und andere Kriminelle. Der Auswurf Deutschlands.

IV. Das andere Berlin

Fritz, Anna, Jule, Jutta, Wolfgang, Marion, ... *bitte selbst fortsetzen*

Wieder daheim

---

[1] Thomas Kapielski, Der Einzige und sein Offenbarungseid. Berlin 1994.
[2] *Berlin*, Text und Musik: Deutschland. München 1993.
[3] Meyers großes Taschenlexikon. Mannheim 1981.
[4] Laut Duden
[5] Kapielski, a.a.O.
[6] Kapielski
[7] Robert Gernhardt, *Balin Balin*, Körper in Cafés. Zürich 1987.
[8] frei nach F.W. Bernstein, *Wachtel Weltmacht?*, Lockruf der Liebe. Zürich 1988.

Vom Umgang mit Vorgesetzten

Wer interessiert sich schon für Vorgesetzte? Muß man unbedingt wissen, wer einen widerwillig bezahlt? Es reicht doch schon, daß es solche Leute gibt. Für den Fall, daß Sie einmal von so jemandem zufällig in ein Gespräch verwickelt werden, sich aber partout nicht mehr erinnern können, wer der Clown da eigentlich ist, weiß ich eine unfehlbare Methode, sich aus der Affaire zu ziehen. Eine Kollegin hat mir den Trick verraten und es funktioniert tatsächlich, wie sie mir auch sogleich demonstrierte. Fragen Sie einfach ganz unschuldig: „Und wann ist es soweit?" Dann wird man Sie verblüfft aber erfreut aufklären, wie es mit dem Neubau steht, wann das dritte Kind kommt, oder wann man den neuen Etat abzugreifen gedenkt. Viel Spaß.

Der Blutonkel

Den Blutonkel habe ich noch nie gesehen. Man sieht ihn überhaupt nur selten, sagen die Eltern. Nur auf Begräbnissen, sagt Tante Lily. Sie weiß nicht, wo und von was er lebt. Und seinen Namen kennt sie auch nicht. Wahrscheinlich ist der Blutonkel gar kein Verwandter, sagt die Mutter. Ich will ihn endlich kennenlernen, doch neuerdings antworten die Eltern nicht mehr, wenn ich sie nach dem Blutonkel frage. Nun haben sie mir schon meinen Chemiebaukasten weggenommen und ich merke, wie sie mich beobachten.
Aber bald ist Weihnachten, und ich habe mir einen dunklen Anzug gewünscht und ein weißes Taschentuch.

Siebenundzwanzig

Ein Herr mittleren Alters, in seiner Jugend erblindet und genesen, und nun leidenschaftlicher Kaffeehausgänger, belauscht, wie es seine Art ist, ein Gespräch zwei Tische weiter.

Das Thema ist ihm vertraut, er wüßte alle möglichen Antworten, mehr noch, alle richtigen Antworten auf alle möglichen Fragen zu geben. Der Herr gerät zunehmend in Wut, da die Unterhaltung nicht den Lauf nimmt, den er ihr zugedacht hat, den er für zwingend erachtet. Die Gesprächsführenden verstricken sich mehr und mehr in Widersprüche, Pro und Contra übernehmen willkürlich die Argumente des jeweils anderen, widerlegen sich mutwillig selbst, geben fahrlässig Dinge zu, die mit ihrer natürlichen Position unvereinbar sind und bestreiten leidenschaftlich, was ihnen ihr Gegenüber soeben zugestanden hat.

Der Herr ist darüber so erbost, daß er einen ihm zufällig bekannten Herrn am Nebentisch in eine unerquickliche Diskussion verwickelt und nicht bemerkt, wie ein weiterer Herr, der nicht ganz unfreiwillig heimlicher Zeuge dieses Disputs wurde, zornig das Lokal verläßt, ohne seine Rechnung zu begleichen.

Achtundzwanzig

Ein Herr begibt sich an den Ort des Geschehens, nicht etwa an den Tatort. Am Ort des Geschehens wird nichts getan, denn es gibt dort niemanden, der etwas tun könnte. Dort geschehen Dinge, unvermittelt, ohne Absicht, aber nicht aus Gedankenlosigkeit, denn nichts dort besitzt die Fähigkeit, einen klaren Gedanken zu fassen. Es ist ein Ort ohne Verstand. Der Herr glaubt, dort Frieden zu finden.

Der Herr beobachtet. Das Geschehen nimmt keine Notiz von ihm. Mal raschelt es, mal knistert es, mal fällt was um.

Vielleicht war ihm langweilig, jedenfalls ist unklar, wie der Herr wieder in seine gewohnte Umgebung zurückfand. Auch dort geschehen Dinge, die den Herrn in keiner Weise berühren sollten. Doch ihm scheint, als stünde, was auch geschieht, in irgendeinem Bezug zur Lustlosigkeit seiner Existenz. Die zähen Empfindungen, die sein Hirn verkleben und den Herzschlag beschleunigen, und dann der unerträgliche Hunger, während Damen und Herren zweifelhafter Herkunft den leeren Löwenkäfig nebenan füttern.

Und dann geschieht vieles, wovon dieser Herr niemals Nachricht erhalten wird.

Neunundzwanzig

Immer schon plagte den Herrn großer Durst. Also begann er zu trinken. Zuerst trank der Herr Milch, manchmal trank er auch Wasser, mitunter Fruchtsäfte und nun seit vielen Jahren Alkohol aller Art. Alkohol schmeckt und schafft Arbeitsplätze. Alkohol trinkt man aus Tradition und um zu vergessen, weshalb man trinkt. Vielleicht auch, weil man lustig sein will und das gar nicht so einfach ist. Wie dem auch sei, der Herr hat seine Gründe.

Der Herr träumt oft davon, den Durst zu ertränken, ihn abzufüllen, bis der Durst um Gnade fleht, doch der Herr würde kein Erbarmen zeigen. Dann säuft er die sieben Meere leer und der Durst wimmert und windet sich vor Schmerz, weil er ums Verrecken nicht ersaufen kann. Der Herr aber erwacht mit trockenem Mund und der Durst rächt sich fürchterlich. Der Herr kann nun trinken, was er mag, das beeindruckt den Durst überhaupt nicht. Je mehr der Herr trinkt, um so nüchterner wird er, und je nüchterner er wird, um so heftiger plagt ihn der Durst. Das Leben ist eine Entziehungskur, denkt der Herr, und die Welt eine Trinkerheilanstalt, in die man nüchtern eingeliefert wird. Ein großer Trinker muß man werden, dann lassen sie dich vielleicht ein bißchen früher gehen. Doch der größte Feind des Trinkers, das ist der Durst.

Dreißig u.ä.

Ein Herr trifft eine Dame. Beide verlieben sich augenblicklich ineinander. Sie heiraten, bekommen viele Kinder und leben glücklich und zufrieden bis an ihr Ende.

Ein anderer Herr fährt in Urlaub und amüsiert sich prächtig. Gut erholt kehrt er zurück und lebt glücklich und zufrieden bis an sein Ende.

Ein dritter Herr gewinnt im Lotto und kann sich nun jeden Wunsch erfüllen. Glücklich und zufrieden lebt er bis an sein Ende.

Ein vierter Herr begeht den perfekten Mord. Er wird nie entdeckt, also lebt er glücklich und zufrieden bis an sein Ende.

Ein fünfter Herr lebt glücklich und zufrieden bis an sein Ende.

Auch alle weiteren Herren leben bis an ihr Ende.

Ach ja

Dreigeteilt? Niemals!
zuerst in *Süddeutsche Zeitung* 19/1997

Druck von unten
zuerst in *PhoBi* 3/1997

Guter Gastgeber
zuerst in *Titanic* 6/2001

So geht's doch auch und **Ein Markentraum**
zuerst in *Titanic* 7/2001

Genau und **Was man so erben kann**
zuerst in *Titanic* 8/2001

Einiges wurde zwischen 1990 und 1997 vom *Autonomen Theaterkollektiv Ernst Thälmann* zur Aufführung gebracht. Was wann wo weißichnichmehr.

Mein Dank gilt den Damen und Herren, aber vor allem Hubert, Panne, Nicole und Fritz für alles, Klara, Otto, Christoph und Ulli fürs Besserwissen, sowie Tobbi und Dirk, von *Deutschland* für *Berlin*. Danke schön.

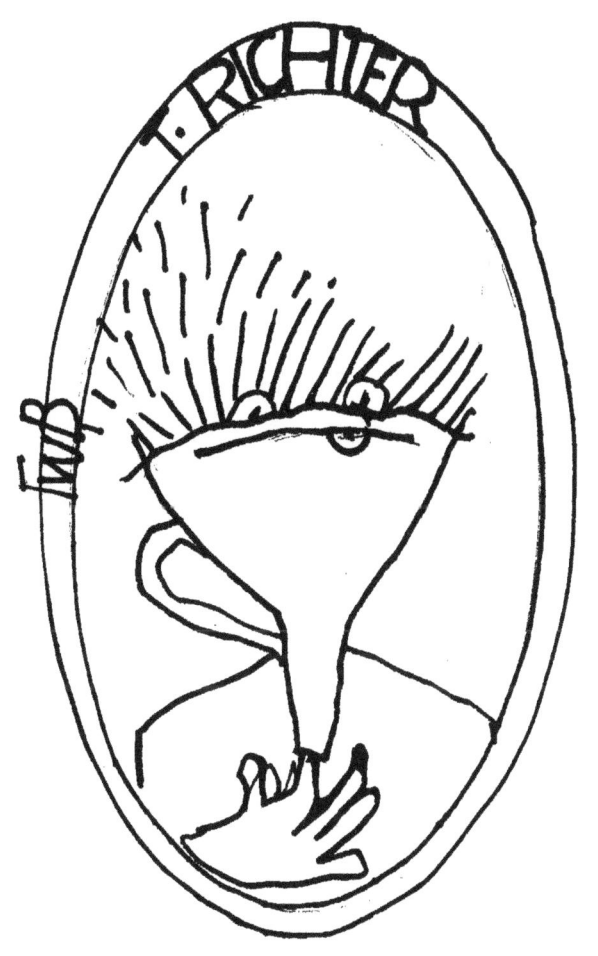

edition hupe präsentiert:

„Ja, Schweden und Alkohol, da gibt's bei uns
ja sehr viel Vorurteile. Also, bei uns hat
jemand gesagt, die Tatsache, daß die
Schweden doch in die EU gekommen sind,
war ein eindeutiges Ja für das bayrische
Hopfenanbaugebiet, für den Chianti,
Beaujolais, Bordeaux usw.
Man rückt dann diesen
Gebieten näher."

*aus dem Vorwort
von Gerhard Polt*

Peter Kruse Hubert Schelle

99 Schweden
Mit Gastbeiträgen von F. W. Bernstein und H.-G. Johansson
und einem Vorwort von
Gerhard Polt

Verlag Schwebefähre

99 Schweden

76 Seiten.
99 Karikaturen.

Björn Borg, *1956

Anita Ekberg, *1931

ISBN 3-89811-405-8 · DM 14,79 · In jeder Buchhandlung oder im Internet: www.edition-hupe.de

edition hupe präsentiert:

»Hier wird die Sau rausgelassen,
keine Pointe, kein Wortspiel verkniffen,
und der Zusammenstoß mit unseren
Konventionen macht die komische
Wirkung, knapp vor der
Empörung.«

F.W. Bernstein

Sex mit Ari Plikat
116 Seiten mit 220 Cartoons!

»Im Gegensatz zu den edlen
Hardcoverbänden ist es sowas
wie ein Autorenbuch. Der nur
oberflächlich unsaubere Stil
entpuppt sich als Konzept,
gegen den Kubismus und
Konsorten wie ein schlechter
Witz aussehen.«

coolibri 4/2001

edition hupe

Ari Plikat,
Jahrgang 58, Illustrator und
Cartoonist aus Dortmund. Veröffentlichungen u.a. in
Tagesspiegel, taz, zitty, Eulenspiegel, 'ran, ... Bisher 3
Solo-Bücher, 2 Bücher gemeinsam mit André POLO
Poloczek und zahlreiche Beiträge in Sammelbänden
sowie Buchumschläge und Vignetten. Und jetzt das: Sex.
Mit Ari Plikat.

ISBN 3-8311-0592-8 · DM 19,80 · In jeder Buchhandlung oder im Internet: www.edition-hupe.de